Korean Writing for University Life

대학 생활을 위한 한국어 쓰기

초급 II

English/Japanese/Chinese

Beginning Level II

연세대학교 한국어학당 편

연세대학교 출판문화원

머리말

국내 최고의 명성으로 한국어 교육의 50년 전통을 이어 온 연세대학교 언어연구교육원 한국어학당에서는 한국어 교육의 질을 높이기 위해 그동안 많은 교재를 편찬해 왔다. 최근 한국 내 대학, 대학원에서 수학하고 있거나 진학하고자 하는 외국인이 증가함에 따라 학문을 목적으로 하는 한국어 교재에 대한 학습자들의 요구가 높아지고 있다. 이에 따라 연세대학교 언어연구교육원 한국어학당에서는 대학 수학을 목적으로 하는 외국인 유학생들을 대상으로 한국어와 한국 문화를 교육할 수 있는 새로운 교재를 출간하게 되었다.

연세대학교 언어연구교육원 한국어학당에서 출간하는 이 교재는 대학 생활에 필요한 의사소통 기능을 집중적으로 향상시킬 수 있는『대학 생활을 위한 한국어』시리즈와 대학에서의 수학 능력을 집중적으로 향상시킬 수 있는『대학 강의 수강을 위한 한국어』시리즈로 되어 있다.『대학 생활을 위한 한국어』시리즈는 초급 학습자를 위한『대학 생활을 위한 한국어 초급Ⅰ』,『대학 생활을 위한 한국어 초급Ⅱ』, 중급 학습자를 위한『대학 생활을 위한 한국어 중급Ⅰ』,『대학 생활을 위한 한국어 중급Ⅱ』로 되어 있으며,『대학 강의 수강을 위한 한국어』시리즈는 중급 학습자를 위한『대학 강의 수강을 위한 한국어 중급Ⅰ』,『대학 강의 수강을 위한 한국어 중급Ⅱ』, 그리고 고급 학습자를 위한『대학 강의 수강을 위한 한국어 고급』으로 되어 있다.

『대학 생활을 위한 한국어』시리즈는 한국어 학습 단계별로 요구되는 내용을 주제로 말하기, 듣기, 쓰기 능력을 향상할 수 있도록 다양한 과제와 활동으로 구성된 분리형 교재이다. 그리고『대학 강의 수강을 위한 한국어』시리즈는 대학 수학에서 요구되는 기능과 장르를 중심으로 말하기, 듣기, 쓰기, 읽기 능력을 향상할 수 있도록 실용적인 과제와 활동으로 구성된 분리형 교재이다. 이들 교재에서는 학습자들이 흥미를 가질 수 있는 주제와 상황을 기초로 여러 가지 의사소통 기능 및 전략을 배울 수 있도록 배려하였다.

『대학 생활을 위한 한국어』와『대학 강의 수강을 위한 한국어』가 연세대학교 언어연구교육원 한국어학당에서 공부하는 학생들뿐만 아니라 한국 내에서 대학, 대학원 수학을 목적으로 하고 있는 모든 한국어 학습자들에게 도움이 되기를 바란다.

연세대학교 언어연구교육원
한국어학당 교재편찬위원회

Preface

With more than 50 years of tradition in the Korean Language Education field, Korean Language Institute of the Yonsei University Institute of Language Research and Education has published numerous textbooks to promote the quality of Korean Language Education. In the recent years, the need for Korean Language textbooks for academic purpose has been increasing along with the growth of the foreign students who are studying in undergraduate or graduate programs at universities in Korea. To this end, Korean Language Institute of the Yonsei University Institute of Language Research and Education came to publish new textbooks to teach Korean language and culture to foreign students, who are studying in Korea for academic purpose.

These textbooks, which are published by Korean Language Institute of the Yonsei University Institute of Language Research and Education, are comprised of two textbook series: 「Korean for University Life」 series for strengthening the conversational ability needed for university life; and 「Academic Korean」 series for strengthening the capacity to take classes in Korean. 「Korean for University Life」 series is comprised of: 「Korean for University Life Beginner's Level 1 & 2」 for beginner students, 「Korean for University Life Intermediate Level 1 & 2」 for intermediate level students. 「Academic Korean」 series is consisted of 「Academic Korean Intermediate 1 & 2」 for intermediate level students and 「Academic Korean Advanced」 for advanced level students.

While 「Korean for University Life」 is a textbook series composed of various kinds of tasks and activities under themes by different learning levels to promote students' ability to speak, listen and write, 「Academic Korean」 is a textbook series to promote speaking, listening, writing and reading abilities that are essential while studying in the undergraduate programs at universities. These textbooks draw interests of the learners by allowing them to acquire communicative functions and strategies based on themes and situations that are closely relevant to college students.

We also hope that 「Korean for University Life」 and 「Academic Korean」 series will not only help the Yonsei Korean Language Institute students but also any students who wish to continue to pursue their undergraduate or graduate studies in Korea.

Yonsei University Institute of Language Research and Education
Korean Language Institute Textbook Compilation Committee

はじめに

国内最高の名声で韓国語教育の50年の伝統を続けてきた延世大学言語研究教育院韓国語学堂では韓国語教育の質を高めるためにこれまで多くの教材を編纂してきた。最近、韓国内の大学や大学院で修学していたり進学しようとする外国人が増加するに従って、学問を目的とする韓国語教材に対する学習者たちの要求が高まっている。そこで、延世大学校言語研究教育院韓国語学堂では大学修学を目的とする外国人留学生たちを対象に韓国語と韓国文化を教育することができる新しい教材を出刊することになった。

延世大学校言語研究教育院韓国語学堂が出刊するこの教材は、大学生活に必要なコミュニケーション機能を集中的に向上させることができる 《大学生活のための韓国語》シリーズと、大学での修学能力を集中的に高めることができる 《大学講義受講のための韓国語》シリーズの２つからなっている。《大学生活のための韓国語》シリーズは初級学習者のための《大学生活のための韓国語初級1&2》, 中級学習者のための 《大学生活のための韓国語中級1》, 《大学生活のための韓国語中級2》があり、《大学講義受講のための韓国語》シリーズは中級学習者のための《大学講義受講のための韓国語中級1》, 《大学講義受講のための韓国語中級2》, そして高級学習者のための《大学講義受講のための韓国語高級》がある。

《大学生活のための韓国語》シリーズは韓国語学習の段階別に求められる内容を主題に、会話, 聞き取り,作文能力が向上するように多様な課題と活動で構成された分離型教材だ。そして 《大学講義受講のための韓国語》シリーズは大学修学の際に求められる機能とジャンルを中心に会話, 聞き取り, 作文, 読解能力が向上するように実用的な課題と活動で構成された分離型教材だ。これらの教材は学習者たちが興味を持つことができる主題と状況をパターンとしてさまざまなコミュニケーション機能及び戦略を学べるよう配慮した。

《大学生活のための韓国語》と《大学講義受講のための韓国語》が延世大学校言語研究教育院韓国語学堂で勉強する学生たちだけではなく、韓国内で大学や大学院修学を目的とするすべての韓国語学習者たちの役に立つ事を願う。

延世大学校言語研究教育院

韓国語学堂 教材編纂委員会

绪言

国内最富盛名、传承了韩国语教育的50年优良传统的延世大学语言研究教育院韩国语学堂，以提高韩国语教育的质量己任，编辑了大量优质教材。

最近，随着在韩国国内的大学及大学院中学习及即将入学的外国人的增加，对以学术为目的的韩国语教材的需求与日俱增。因此，面向以在大学学习为目的的外国留学生，延世大学语言研究教育院韩国语学堂出版了能教授韩国语及韩国文化的新教材。

延世大学语言研究教育院韩国语学堂出版的这本教材，由能集中提高大学生活需要的基本沟通能力的《大学生活韩国语》系列，及集中提高大学听课能力的《大学听课韩国语》系列组成。

《大学生活韩国语》系列由面向初级学者的《大学生活初级韩国语1&2》，面向中级学者的《大学生活中级韩国语1》，及《大学生活中级韩国语2》组成。

《大学听课韩国语》系列由面向中级学者的《大学听课中级韩国语1》，《大学听课中级韩国语2》，以及面向高级学者的《大学听课高级韩国语》组成。

《大学生活韩国语》系列是一套分类型教材，本教材以韩国语学习各等级要求的内容为主题，由以能提高学习者的口语，听力，写作能力的丰富多样的作业及活动构成。

另外，《大学听课韩国语》系列是一套分类型教材，本教材以大学听课中所需的能力及体裁为中心，由以能提高学习者的口语，听力，写作，阅读能力的实用型的作业及活动构成。这些教材以激发学习者兴趣的主题和情景为基础，并考虑到了教授学生各种沟通能力及技巧。

希望《大学生活韩国语》及《大学听课韩国语》系列教材，对在延世大学语言研究教育院韩国语学堂中学习的学生，以及在韩国国内大学及大学院上学的所有韩国语学习者们有所帮助。

延世大学语言研究教育院
韩国语学堂 教材编辑委员会

일러두기

- '대학 생활을 위한 한국어 쓰기 초급 II'는 총 10개의 단원으로 이루어져 있고 뒤에 어휘 색인이 학습자를 위한 자료로 붙어 있다.
- 각 단원은 세 개의 항으로 구성되어 있다. 각 항에서는 제목과 함께 주제나 기능이 드러나도록 학습목표를 제시한다.
- 각 항은 모두 세 단계로 구성되며, 이는 **【준비해 봅시다】**, **【써 봅시다】**, **【정리해 봅시다】**로 구성된다.

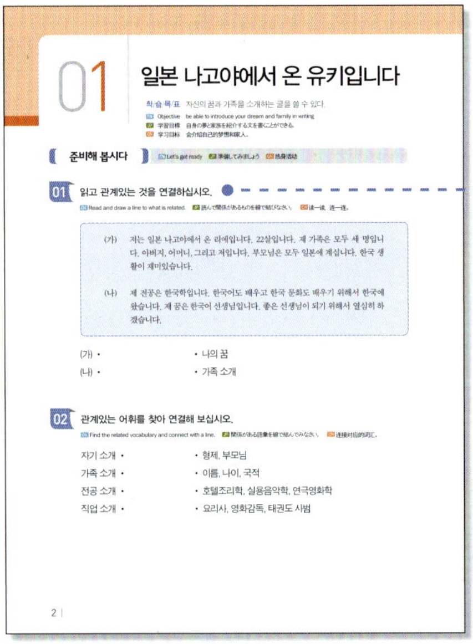

01 일본 나고야에서 온 유키입니다

학습목표 자신의 꿈과 가족을 소개하는 글을 쓸 수 있다.
EN Objective be able to introduce your dream and family in writing
JP 学習目標 自身の夢と家族を紹介する文を書くことができる。
CH 学习目标 会介绍自己的梦想和家人。

【준비해 봅시다】 EN Let's get ready JP 準備してみましょう CH 热身活动

01 읽고 관계있는 것을 연결하십시오.
EN Read and draw a line to what is related. JP 読んで関係があるものを線で結びなさい。 CH 读一读, 连一连。

(가) 저는 일본 나고야에서 온 리에입니다. 22살입니다. 제 가족은 모두 세 명입니다. 아버지, 어머니, 그리고 저입니다. 부모님은 모두 일본에 계십니다. 한국 생활이 재미있습니다.

(나) 제 전공은 한국학입니다. 한국어도 배우고 한국 문화도 배우기 위해서 한국에 왔습니다. 제 꿈은 한국어 선생님입니다. 좋은 선생님이 되기 위해서 열심히 하겠습니다.

(가) • • 나의 꿈
(나) • • 가족 소개

02 관계있는 어휘를 찾아 연결해 보십시오.
EN Find the related vocabulary and connect with a line. JP 関係がある語彙を線で結んでみなさい。 CH 连接对应的词汇。

자기 소개 • • 형제, 부모님
가족 소개 • • 이름, 나이, 국적
전공 소개 • • 호텔조리학, 실용음악학, 연극영화학
직업 소개 • • 요리사, 영화감독, 태권도 사범

2 |

- **【준비해 봅시다】**는 도입 단계로서 2단계로 구성된다. 1단계는 학습목표와 관련된 담화의 이해를 확인하는 단계, 2단계는 쓰기 활동에 필요한 어휘의 의미와 용법을 확인하는 단계로 이루어져 있다.

【01】 단계에서는 학습목표와 관련된 모범 글이 쓰기 활동을 위한 자료로 제공된다.
모범 글의 구조와 내용을 확인하고 쓰기 활동을 준비할 수 있는 질문이 제공된다.

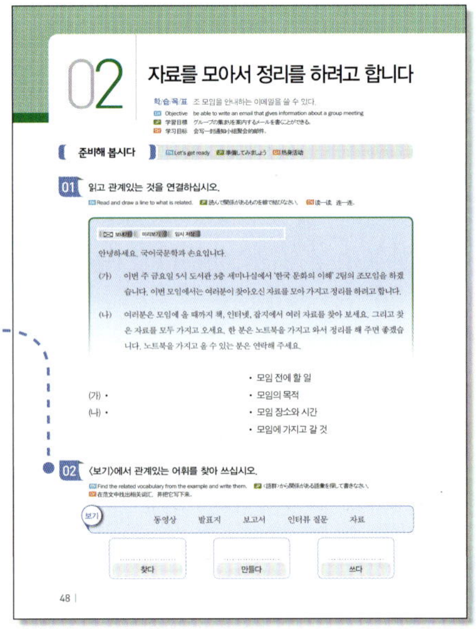

02 자료를 모아서 정리를 하려고 합니다

학습목표 조 모임을 안내하는 이메일을 쓸 수 있다.
EN Objective be able to write an email that gives information about a group meeting
JP 学習目標 グループの集まりを案内するメールを書くことができる。
CH 学习目标 会写一封通知小组聚会的邮件。

【준비해 봅시다】 EN Let's get ready JP 準備してみましょう CH 热身活动

01 읽고 관계있는 것을 연결하십시오.
EN Read and draw a line to what is related. JP 読んで関係があるものを線で結びなさい。 CH 读一读, 连一连。

안녕하세요. 국어국문학과 손요입니다.

(가) 이번 주 금요일 5시 도서관 3층 세미나실에서 '한국 문화의 이해' 2팀의 조모임을 하겠습니다. 이번 모임에서는 여러분이 찾아오신 자료를 모아 가지고 정리를 하려고 합니다.

(나) 여러분은 모임에 올 때까지 책, 인터넷, 잡지에서 여러 자료를 찾아 보세요. 그리고 찾은 자료를 모두 가지고 오세요. 한 분은 노트북을 가지고 와서 정리를 해 주면 좋겠습니다. 노트북을 가지고 올 수 있는 분은 연락해 주세요.

• 모임 전에 할 일
(가) • • 모임의 목적
(나) • • 모임 장소와 시간
• 모임에 가지고 갈 것

02 〈보기〉에서 관계있는 어휘를 찾아 쓰십시오.
EN Find the related vocabulary from the example and write them. JP 〈語群〉から関係がある語彙を探して書きなさい。
CH 在范文中找出相关词汇, 并把它写下来。

보기: 동영상 발표지 보고서 인터뷰 질문 자료

찾다 / 만들다 / 쓰다

48 |

【02】 단계에서는 각 항의 학습목표에 적절한 어휘의 의미와 용법을 확인하는 활동이 제공된다.

- **【써 봅시다】**는 총 2단계로 구성된다.

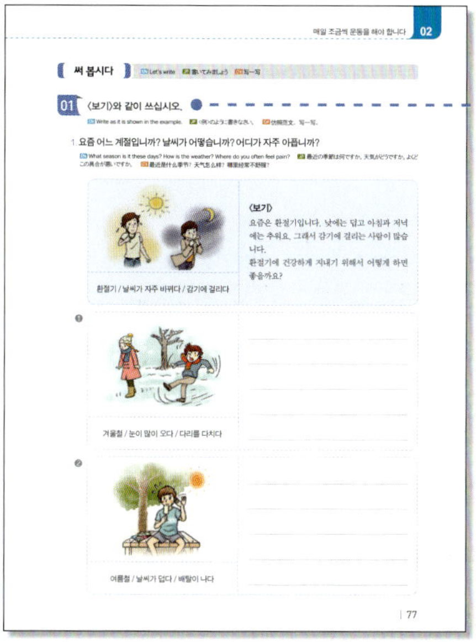
매일 조금씩 운동을 해야 합니다 02

써 봅시다

01 〈보기〉와 같이 쓰십시오.

1. 요즘 어느 계절입니까? 날씨가 어떻습니까? 어디가 자주 아픕니까?

〈보기〉
요즘은 환절기입니다. 낮에는 덥고 아침과 저녁에는 추워요. 그래서 감기에 걸리는 사람이 많습니다.
환절기에 건강하게 지내기 위해서 어떻게 하면 좋을까요?

환절기 / 날씨가 자주 바뀌다 / 감기에 걸리다

❶ 겨울철 / 눈이 많이 오다 / 다리를 다치다

❷ 여름철 / 날씨가 덥다 / 배탈이 나다

77

【01】 단계에서는 전체 모범 글의 구성요소를 중심으로 이를 두 부분으로 분리하여 각 부분을 연습할 수 있도록 모범 글과 과제 활동지가 제시된다.

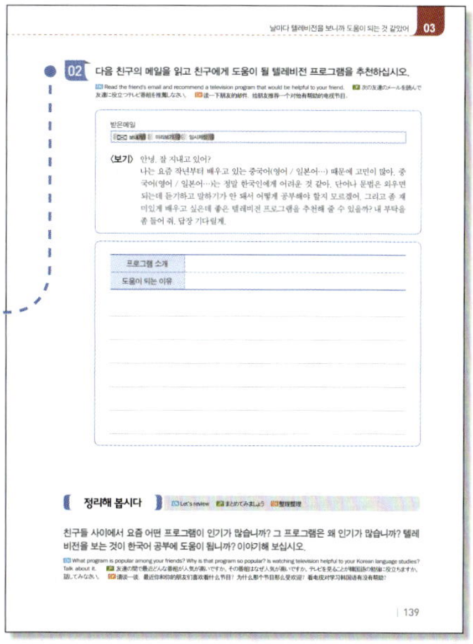
날마다 텔레비전을 보니까 도움이 되는 것 같았어 03

02 다음 친구의 메일을 읽고 친구에게 도움이 될 텔레비전 프로그램을 추천하십시오.

〈보기〉 안녕, 잘 지내고 있어?

프로그램 소개

도움이 되는 이유

정리해 봅시다

친구들 사이에서 요즘 어떤 프로그램이 인기가 많습니까? 그 프로그램은 왜 인기가 많습니까? 텔레비전을 보는 것이 한국어 공부에 도움이 됩니까? 이야기해 보십시오.

139

【02】 단계에서는 이전 단계에서 분리 연습한 문장이나 글을 전체적으로 구성할 수 있도록 모범 글과 과제 활동지가 제시된다.

- **【정리해 봅시다】**는 전 단계에서 한 쓰기 활동을 정리하고 이와 유사한 경험과의 비교나 연계를 통해 쓰기 활동을 정리하고 마무리한다.

How To Use This Book

- 'Korean Writing for University Life Level 2' consists of 10 chapters and includes an index of vocabulary words for learners at the end of the book.
- Each chapter of this textbook includes 3 lessons. Each lesson includes a title and learning objective that presents the theme or functions of each lesson.
- Each lesson of the chapter is composed of 3 steps, 【Let's get ready】, 【Let's write】, and 【Let's review】

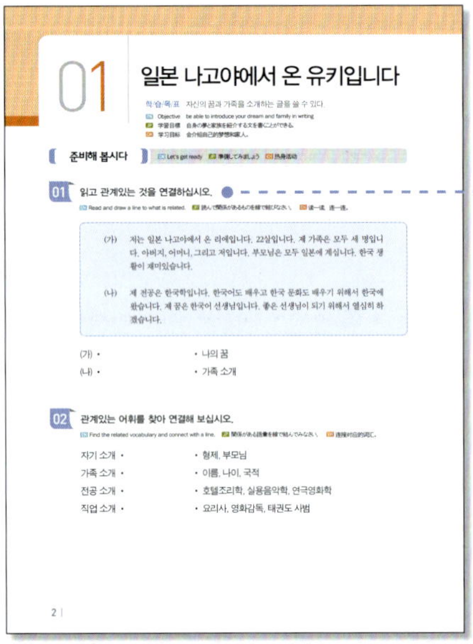
01 일본 나고야에서 온 유키입니다

【 준비해 봅시다 】

01 읽고 관계있는 것을 연결하십시오.

(가) 저는 일본 나고야에서 온 리에입니다. 22살입니다. 제 가족은 모두 세 명입니다. 아버지, 어머니, 그리고 저입니다. 부모님은 모두 일본에 계십니다. 한국 생활이 재미있습니다.

(나) 제 전공은 한국학입니다. 한국어도 배우고 한국 문화도 배우기 위해서 한국에 왔습니다. 제 꿈은 한국어 선생님입니다. 좋은 선생님이 되기 위해서 열심히 하겠습니다.

(가) • • 나의 꿈
(나) • • 가족 소개

02 관계있는 어휘를 찾아 연결해 보십시오.

자기 소개 • • 형제, 부모님
가족 소개 • • 이름, 나이, 국적
전공 소개 • • 호텔조리학, 실용음악학, 연극영화학
직업 소개 • • 요리사, 영화감독, 태권도 사범

2

- 【Let's get ready】 includes 2 steps as the presentation stage. Step 1 is to check for understanding of the text related to the learning objective. Step 2 is to clarify the meaning and usage of vocabulary necessary in writing activities.

Step 1 provides the sample text related to the learning objective as a material for writing activity.
In Step 1, some questions are included to confirm the structure and contents of the sample text and get ready for the writing activity.

Step 2 provides activities to check the meaning and usage of the vocabulary relevant to the learning objective.

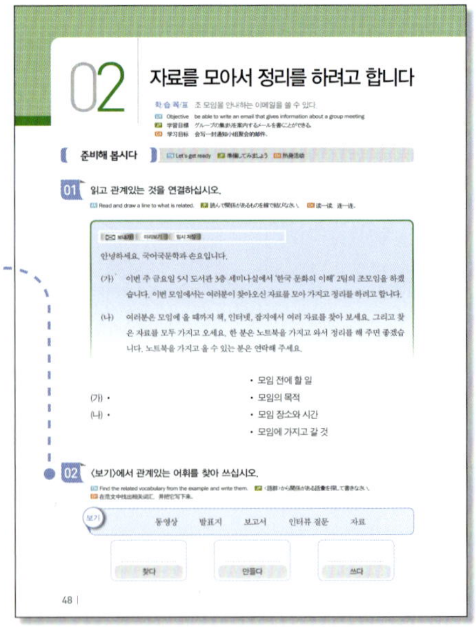
02 자료를 모아서 정리를 하려고 합니다

【 준비해 봅시다 】

01 읽고 관계있는 것을 연결하십시오.

안녕하세요. 국어국문학과 손요입니다.

(가) 이번 주 금요일 5시 도서관 3층 세미나실에서 '한국 문화의 이해' 2팀의 조모임을 하겠습니다. 이번 모임에서는 여러분이 찾아오신 자료를 모아 가지고 정리를 하려고 합니다.

(나) 여러분은 모임에 올 때까지 책, 인터넷, 잡지에서 여러 자료를 찾아 보세요. 그리고 찾은 자료를 모두 가지고 오세요. 한 분은 노트북을 가지고 와서 정리를 해 주면 좋겠습니다. 노트북을 가지고 올 수 있는 분은 연락해 주세요.

(가) • • 모임 전에 할 일
(나) • • 모임의 목적
• 모임 장소와 시간
• 모임에 가지고 갈 것

02 〈보기〉에서 관계있는 어휘를 찾아 쓰십시오.

〈보기〉 동영상 발표지 보고서 인터뷰 질문 자료

찾다 만들다 쓰다

48

- 【Let's write】 is composed of 2 steps.

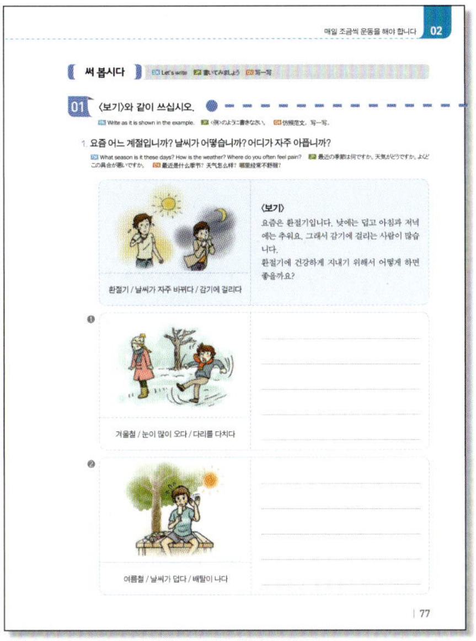

매일 조금씩 운동을 해야 합니다 02

【 써 봅시다 】 Let's write

01 〈보기〉와 같이 쓰십시오.

Write as it is shown in the example.

1. 요즘 어느 계절입니까? 날씨가 어떻습니까? 어디가 자주 아픕니까?

What season is it these days? How is the weather? Where do you often feel pain?

〈보기〉
요즘은 환절기입니다. 낮에는 덥고 아침과 저녁에는 추워요. 그래서 감기에 걸리는 사람이 많습니다.
환절기에 건강하게 지내기 위해서 어떻게 하면 좋을까요?

환절기 / 날씨가 자주 바뀌다 / 감기에 걸리다

❶ 겨울철 / 눈이 많이 오다 / 다리를 다치다

❷ 여름철 / 날씨가 덥다 / 배탈이 나다

77

Step 1 presents the sample text divided by two parts based on the contents and provides the task activity sheet to help the learner practice each part.

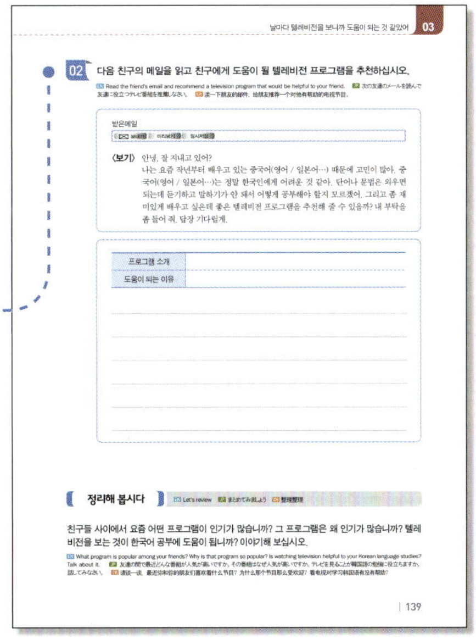

날마다 텔레비전을 보니까 도움이 되는 것 같았어 03

02 다음 친구의 메일을 읽고 친구에게 도움이 될 텔레비전 프로그램을 추천하십시오.

Read the friend's email and recommend a television program that would be helpful to your friend.

받은메일

〈보기〉 안녕, 잘 지내고 있어?
나는 요즘 작년부터 배우고 있는 중국어(영어 / 일본어…) 때문에 고민이 많아. 중국어(영어 / 일본어…)는 정말 한국인에게 어려운 것 같아. 단어나 문법은 외우면 되는데 듣기하고 말하기가 안 돼서 어떻게 공부해야 할지 모르겠어. 그리고 좀 재미있게 배우고 싶은데 좋은 텔레비전 프로그램을 추천해 줄 수 있을까? 내 부탁을 좀 들어 줘. 답장 기다릴게.

프로그램 소개	
도움이 되는 이유	

【 정리해 봅시다 】 Let's review

친구들 사이에서 요즘 어떤 프로그램이 인기가 많습니까? 그 프로그램은 왜 인기가 많습니까? 텔레비전을 보는 것이 한국어 공부에 도움이 됩니까? 이야기해 보십시오.

What program is popular among your friends? Why is that program so popular? Is watching television helpful to your Korean language studies? Talk about it.

139

Step 2 presents the new sample text and the task activity sheet in order to write a composition comprehensively with sentences and text in the previous step.

- 【Let's review】 reviews the writing activities in the previous steps and finishes it up through talking about the learners' experiences and opinions relevant to writing activities.

凡例

- ‘大学生活のための韓国語作文初級Ⅱ’は10の単元からなり、後ろには学習者のための資料として語彙索引、文法索引が付いている。

- 各単元は3つの項で構成されている。各項ではタイトルとともにテーマや機能があらわれるように学習目標を提示する。

- 各項はすべて3段階で構成され、これは【準備してみましょう】, 【書いてみましょう】, 【まとめてみましょう】で構成される。

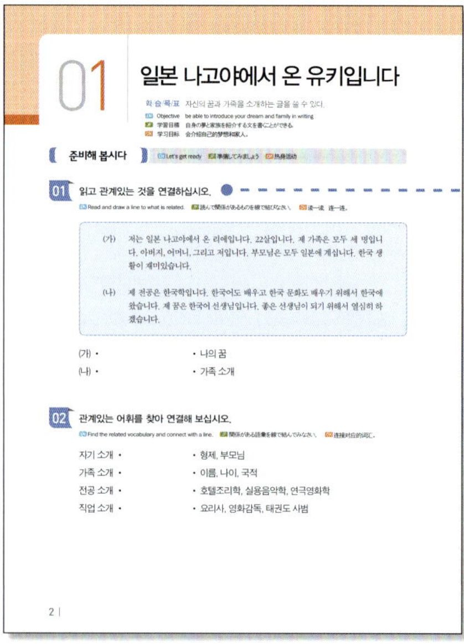
01 일본 나고야에서 온 유키입니다

학습목표 자신의 꿈과 가족을 소개하는 글을 쓸 수 있다.
Objective be able to introduce your dream and family in writing
学習目標 自身の夢と家族を紹介する文を書くことができる。
学习目标 会介绍自己的梦想和家人。

준비해 봅시다 Let's get ready 準備してみましょう 热身活动

01 읽고 관계있는 것을 연결하십시오.
Read and draw a line to what is related. 読んで関係があるものを線で結びなさい。 读一读, 连一连。

(가) 저는 일본 나고야에서 온 리에입니다. 22살입니다. 제 가족은 모두 세 명입니다. 아버지, 어머니, 그리고 저입니다. 부모님은 모두 일본에 계십니다. 한국 생활이 재미있습니다.

(나) 제 전공은 한국학입니다. 한국어도 배우고 한국 문화도 배우기 위해서 한국에 왔습니다. 제 꿈은 한국어 선생님입니다. 좋은 선생님이 되기 위해서 열심히 하겠습니다.

(가) • • 나의 꿈
(나) • • 가족 소개

02 관계있는 어휘를 찾아 연결해 보십시오.
Find the related vocabulary and connect with a line. 関係がある語彙を線で結んでみなさい。 连接对应的词汇。

자기 소개 • • 형제, 부모님
가족 소개 • • 이름, 나이, 국적
전공 소개 • • 호텔조리학, 실용음악학, 연극영화학
직업 소개 • • 요리사, 영화감독, 태권도 사범

2 |

- 【準備してみましょう】は導入段階として2段階で構成される。1段階は学習目標と関連した談話の理解を確認する段階、2段階は作文活動に必要な語彙の意味と用法を確認する段階で成り立っている。

【01】段階では学習目標と関連した例文が作文活動のための資料として提供される。
模範文の構造と内容を確認し作文活動を準備できる質問が提供される。

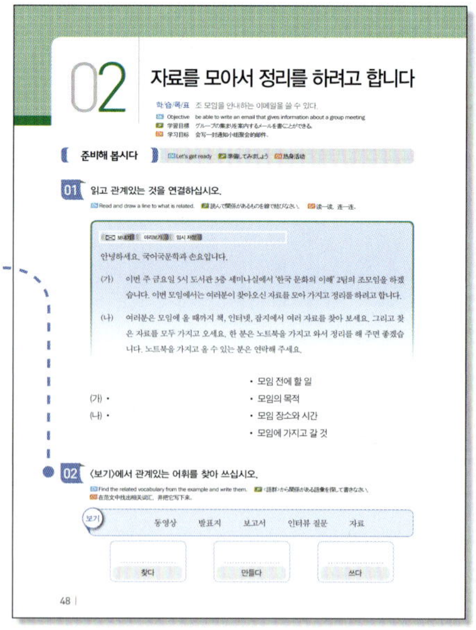
02 자료를 모아서 정리를 하려고 합니다

학습목표 조 모임을 안내하는 이메일을 쓸 수 있다.
Objective be able to write an email that gives information about a group meeting
学習目標 グループの集まりを案内するメールを書くことができる。
学习目标 会写一封通知小组聚会的邮件。

준비해 봅시다 Let's get ready 準備してみましょう 热身活动

01 읽고 관계있는 것을 연결하십시오.
Read and draw a line to what is related. 読んで関係があるものを線で結びなさい。 读一读, 连一连。

보내기 미리보기 임시 저장

안녕하세요. 국어국문학과 손요입니다.

(가) 이번 주 금요일 5시 도서관 3층 세미나실에서 '한국 문화의 이해' 2팀의 조모임을 하겠습니다. 이번 모임에서는 여러분이 찾아오신 자료를 모아 가지고 정리를 하려고 합니다.

(나) 여러분은 모임에 올 때까지 책, 인터넷, 잡지에서 여러 자료를 찾아 보세요. 그리고 찾은 자료를 모두 가지고 오세요. 한 분은 노트북을 가지고 와서 정리를 해 주면 좋겠습니다. 노트북을 가지고 올 수 있는 분은 연락해 주세요.

• 모임 전에 할 일
(가) • • 모임의 목적
(나) • • 모임 장소와 시간
• 모임에 가지고 갈 것

02 〈보기〉에서 관계있는 어휘를 찾아 쓰십시오.
Find the related vocabulary from the example and write them. 〈語群〉から関係がある語彙を探して書きなさい。
在范文中找出相关词汇, 并把它写下来。

보기 동영상 발표지 보고서 인터뷰 질문 자료

찾다 만들다 쓰다

48 |

【02】段階では各項の学習目標に適切な語彙の意味と用法を確認する活動が提供される。

- 【書いてみましょう】は全2段階で構成される。

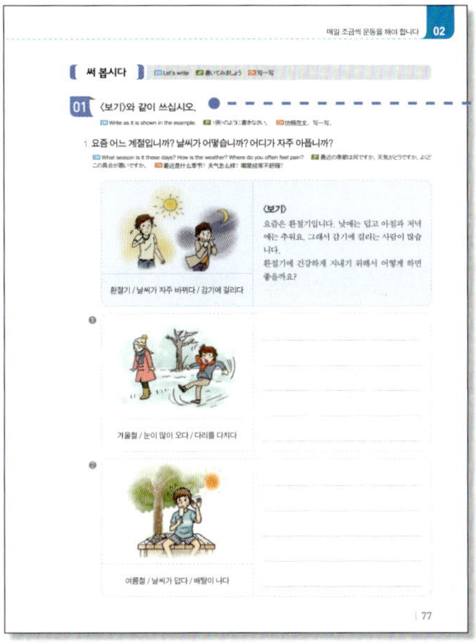
매일 조금씩 운동을 해야 합니다 02

써 봅시다 Let's write 書いてみましょう 写一写

01 〈보기〉와 같이 쓰십시오.

Write as it is shown in the example. 〈例〉のように書きなさい。 仿照范文，写一写。

1. 요즘 어느 계절입니까? 날씨가 어떻습니까? 어디가 자주 아픕니까?

What season is it these days? How is the weather? Where do you often feel pain?

〈보기〉
요즘은 환절기입니다. 낮에는 덥고 아침과 저녁에는 추워요. 그래서 감기에 걸리는 사람이 많습니다.
환절기에 건강하게 지내기 위해서 어떻게 하면 좋을까요?

환절기 / 날씨가 자주 바뀌다 / 감기에 걸리다

❶ 겨울철 / 눈이 많이 오다 / 다리를 다치다

❷ 여름철 / 날씨가 덥다 / 배탈이 나다

77

【01】段階では全体の模範文の構成要素を中心として、これを2つの部分に分離して各部分を練習することができるように模範文と課題の活動が提示される。

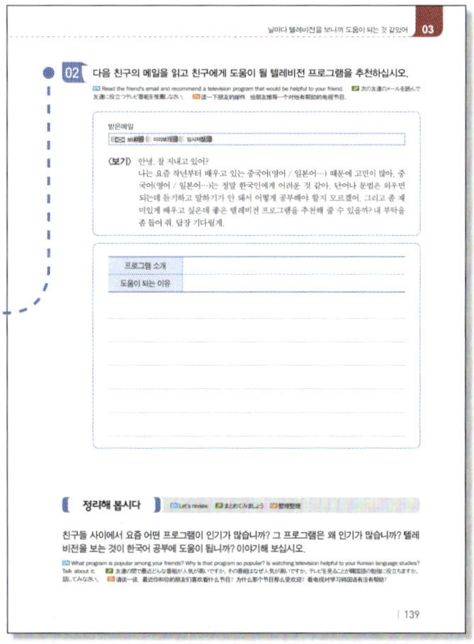
날마다 텔레비전을 보니까 도움이 되는 것 같았어 03

02 다음 친구의 메일을 읽고 친구에게 도움이 될 텔레비전 프로그램을 추천하십시오.

Read the friend's email and recommend a television program that would be helpful to your friend.

받은메일

〈보기〉 안녕, 잘 지내고 있어?
나는 요즘 작년부터 배우고 있는 중국어(영어 / 일본어…) 때문에 고민이 많아. 중국어(영어 / 일본어…)는 정말 한국인에게 어려운 것 같아. 단어나 문법은 외우면 되는데 듣기하고 말하기가 안 돼서 어떻게 공부해야 할지 모르겠어. 그리고 좀 재미있게 배우고 싶은데 좋은 텔레비전 프로그램을 추천해 줄 수 있을까? 내 부탁을 좀 들어 줘. 답장 기다릴게.

프로그램 소개	
도움이 되는 이유	

정리해 봅시다 Let's review まとめてみましょう 整理整理

친구들 사이에서 요즘 어떤 프로그램이 인기가 많습니까? 그 프로그램은 왜 인기가 많습니까? 텔레비전을 보는 것이 한국어 공부에 도움이 됩니까? 이야기해 보십시오.

What program is popular among your friends? Why is that program so popular? Is watching television helpful to your Korean language studies? Talk about it.

139

【02】段階では前の段階で分離して練習した文章や文を全体的に構成できるように模範文と課題の活動が提示される。

- 【まとめてみましょう】は全段階で行った作文活動を整理して、これと類似した経験との比較や連係を通して作文活動をまとめて仕上げる。

编写说明

- '大学生活韩国语写作初级Ⅱ' 共由10个单元组成，为方便学习者查阅和复习，书后附有词汇索引。
- 各单元由 3 个板块组成。每个板块均给出题目和学习目标，并且通过学习目标可以了解到该板块的主题和功能。
- 每个板块均由【热身活动】【写一写】【整理整理】三部分组成。

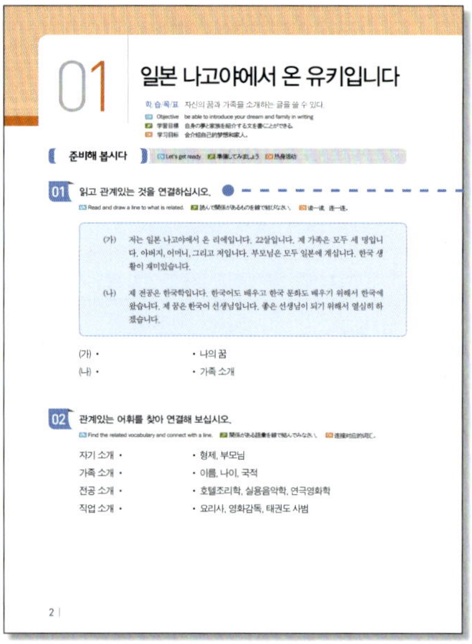
01 일본 나고야에서 온 유키입니다
준비해 봅시다
01 읽고 관계있는 것을 연결하십시오.
(가) 저는 일본 나고야에서 온 리에입니다. 22살입니다. 제 가족은 모두 세 명입니다. 아버지, 어머니, 그리고 저입니다. 부모님은 모두 일본에 계십니다. 한국 생활이 재미있습니다.
(나) 제 전공은 한국학입니다. 한국어도 배우고 한국 문화도 배우기 위해서 한국에 왔습니다. 제 꿈은 한국어 선생님입니다. 좋은 선생님이 되기 위해서 열심히 하겠습니다.
(가) • • 나의 꿈
(나) • • 가족 소개
02 관계있는 어휘를 찾아 연결해 보십시오.
자기 소개 • • 형제, 부모님
가족 소개 • • 이름, 나이, 국적
전공 소개 • • 호텔조리학, 실용음악학, 연극영화학
직업 소개 • • 요리사, 영화감독, 태권도 사범
2

- 【热身活动】作为导入部分，包括 2 个阶段。第1阶段中确认是否理解与学习目标相关的会话内容。第二阶段中确认写作活动中所需词汇的意义与用法。

第1阶段为进行与学习目标相关的范文写作活动，提供一些准备资料。
确认范文的结构和内容，提供写作活动前的准备问题。

第2阶段提供与各板块的学习目标相符的词汇，并确认词汇的意义和用法。

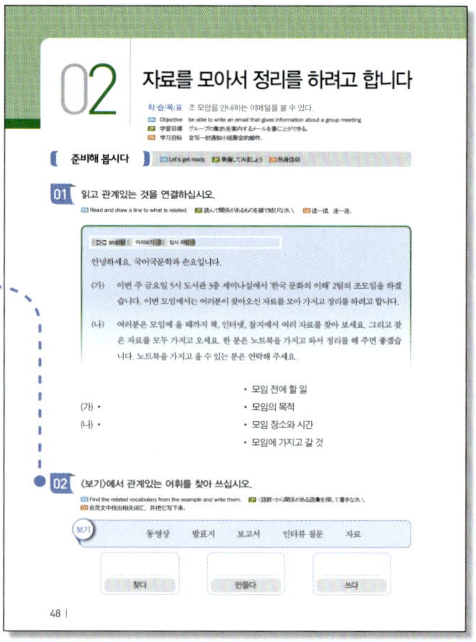
02 자료를 모아서 정리를 하려고 합니다
준비해 봅시다
01 읽고 관계있는 것을 연결하십시오.
안녕하세요. 국어국문학과 손요입니다.
(가) • • 모임 전에 할 일
(나) • • 모임의 목적
• 모임 장소와 시간
• 모임에 가지고 갈 것
02 〈보기〉에서 관계있는 어휘를 찾아 쓰십시오.
동영상 발표지 보고서 인터뷰 질문 자료
찾다 만들다 쓰다
48

- 【写一写】部分包括 2 个阶段。

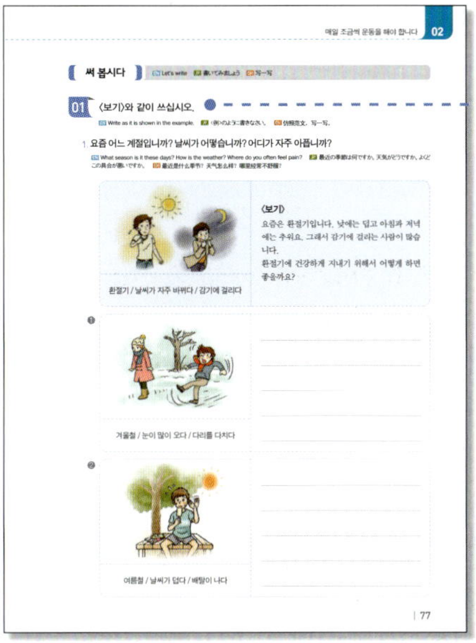

第1阶段中根据构成要素把范文分为两个部分，提供用于练习各部分的范文和课业。

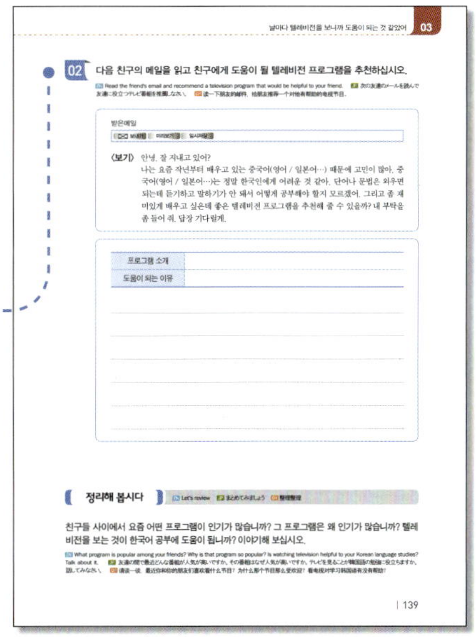

第2阶段中为把在上一阶段中分段练习的句子或语段组合成一篇完整的文章，提供相应的范文和课业。

- 【整理整理】部分，总结上一阶段的“写一写”活动，通过比较或结合与此类似的经验来总结并结束本次写作活动。

차례

내용 구성

과	주제	제목	표현	활동
1	소개	(1) 일본 나고야에서 온 유키입니다	전공, 고향, 직업 관련 어휘	자기를 소개하는 글쓰기
		(2) 제 친구는 멋있고 성격이 밝아요	취미 관련 어휘	친구를 소개하는 글쓰기
		(3) 춤을 사랑하는 친구들이 왔으면 좋겠습니다	동아리 종류 어휘	동아리를 소개하는 글쓰기
2	학교 생활	(1) 늦었지만 이번 주 금요일까지 보내도 될까요?	수업 관련 어휘	교수님께 문의하는 글쓰기
		(2) 학생 식당 아르바이트를 신청하려고 합니다	게시판 정보 관련 어휘	정보 구하는 글쓰기
		(3) 한국도 그런 줄 알았습니다	예절 관련 어휘	고향과 다른 한국의 예절에 대한 글쓰기
3	학교 시설	(1) 우리 학교 도서관은 6층 건물입니다	도서관 이용 관련 어휘	도서관 이용 방법을 설명하는 글쓰기
		(2) 복도에서 큰 소리로 이야기하지 맙시다	기숙사 시설 관련 어휘	기숙사 이용 시 조심할 점 쓰기
		(3) 탁구장을 이용하고 싶은데 어떻게 해야 합니까?	운동 장비 관련 어휘	체육 시설을 문의하는 글쓰기
4	모임	(1) 개강 모임을 하려고 합니다	개강, 종강 관련 어휘	과 모임에 초대하는 글쓰기
		(2) 자료를 모아서 정리를 하려고 합니다	과제 관련 어휘	조모임을 안내하는 이메일 쓰기
		(3) 뒤풀이를 하는 이유를 알 것 같다	뒤풀이 모임 관련 어휘	뒤풀이 소감 쓰기
5	쇼핑	(1) 홈쇼핑에서 운동복을 한 벌 샀습니다	온라인 쇼핑 관련 어휘	온라인 쇼핑의 좋은 점과 나쁜 점 쓰기
		(2) 근처에 중고 가전제품을 파는 시장이 있니?	시장 종류 관련 어휘	시장에 대해서 문의하는 이메일 쓰기
		(3) 다른 사람들이 쓰던 물건을 사고팔 수 있습니다	벼룩시장 관련 어휘	벼룩시장을 소개하는 글쓰기

6	건강	(1) 음식으로도 건강을 지킬 수 있다고 답했습니다	식품 종류 관련 어휘	건강을 위한 식사 습관을 소개하는 글쓰기
		(2) 매일 조금씩 운동을 해야 합니다	병의 증상 관련 어휘	건강 관리 방법에 대한 칼럼 쓰기
		(3) 따뜻한 물을 자주 마시라고 했다	병원 종류 관련 어휘	병원에 갔던 경험 쓰기
7	인터넷	(1) 얼굴을 보고 이야기할 수 있어서 좋습니다.	인터넷 활용 관련 어휘	인터넷으로 하는 일의 장단점 쓰기
		(2) 인터넷 강의를 처음 신청했습니다	인터넷 강의 관련 어휘	인터넷 강의의 장단점 쓰기
		(3) 공부할 때 모르는 것이 있으면 인터넷 사전을 이용한다	인터넷 활용 관련 어휘	인터넷을 이용한 공부 경험 쓰기
8	대학 문화	(1) 이제는 나도 가끔 후배에게 밥을 사기도 해	학생 소비 문화 관련 어휘	한국 대학생들의 소비문화를 소개하는 편지글쓰기
		(2) 전자공학과 학생들과 과미팅을 하려고 합니다	대학생 모임 관련 어휘	대학 연합 모임을 제안하는 글쓰기
		(3) 이번에 외국인 장터를 했으면 좋겠어요	대학 축제 관련 어휘	축제에 대해 제안하는 글쓰기
9	상담	(1) 솔직하게 이야기해 보는 게 좋겠다	고민, 상담 관련 어휘	고민을 상담하는 글쓰기
		(2) 교수님의 말을 이해하지 못해서 실수도 했습니다	유학생활 기분 관련 어휘	유학생활의 경험에 대한 글쓰기
		(3) 어떻게 공부를 해야 할지 모르겠습니다	고민 내용 관련 어휘	교수님께 상담을 신청하는 메일 쓰기
10	여가 생활	(1) 두부 정식이 별미입니다	음식 관련 어휘	맛집을 소개하는 글쓰기
		(2) 미술관에 들어가서 전시회도 구경했다	관광지 관련 어휘	서울 여행 감상문 쓰기
		(3) 날마다 텔레비전을 보니까 도움이 되는 것 같았어	텔레비전 프로그램 관련 어휘	친구에게 텔레비전 프로그램을 추천하는 글쓰기

Table of Contents

Chapter	Theme	Title	Expression	Activity
6	Health	(1) I answered that we can also maintain our heath with food	vocabulary related to different kinds of food	Write an introduction about eating habits for good health
		(2) You need to exercise a little every day	vocabulary related to symptoms of diseases	Write a column about ways to take care of your health
		(3) They said to drink warm water often	vocabulary related to different kinds of hospitals	Write about an experience you had visiting a hospital
7	Internet	(1) It is nice to be able to see each other's face while talking	vocabulary related to using the internet	Write a comparison of the pros and cons of working through the internet
		(2) I registered for online lectures for the first time	vocabulary related to internet lectures	Write an explanation of the pros and cons of internet lectures
		(3) I use an internet dictionary when I don't understand something while studying	vocabulary related to using the internet	Write about an experience when you used the internet while studying
8	College Culture	(1) Now I sometimes buy meals for the underclassmen	vocabulary related to the culture of student consumption	Write a letter introducing the consumption culture of Korean college students
		(2) We want to have a meeting for students in the electrical engineering major	vocabulary related to college student meetings	Write a suggestion for a united college meeting
		(3) It would be nice to hold a foreigner marketplace this time	vocabulary related to college festivals	Write a suggestion for the college festival
9	Requests & Counseling	(1) It would be good to speak honestly	vocabulary related to worries and receiving counseling	Write the content for counseling a worry
		(2) I made a mistake because I could not understand what the professor said	vocabulary related to feelings about international studies	Write about your studying abroad experience
		(3) I don't know how to study	vocabulary related to worries	Write an email requesting a meeting for counseling with your professor
10	Leisure Life	(1) The tofu special is a delicacy	counseling related to food	Write an introduction about a famous restaurant
		(2) We went to the art museum and saw the exhibition as well	vocabulary related to tourist attractions	Write a travel report of Seoul
		(3) I think it helps because I watch television every day	vocabulary related to television programs	Write a recommendation of a television program to a friend

内容構成

課	テーマ	タイトル	表現	活動
1課	紹介	(1) 日本の名古屋出身のゆきです	専攻, 故郷, 職業に関連する語彙	自身の夢と家族を紹介する文を書く
		(2) 私の友達はかっこよくて性格が明るいです	趣味に関連する語彙	友達を紹介する文を書く
		(3) ダンスを愛する友達が来たらいいです	サークルの種類に関連する語彙	サークルを紹介する文を書く
2課	学校生活	(1) 遅れましたが今週金曜日まで提出してもいいでしょうか	授業に関連する語彙	教授に問い合わせる文を書く
		(2) 学生食堂のアルバイトを申し込もうと思います	掲示板の情報に関連する語彙	情報を求める文を書く
		(3) 韓国もそうだと思ってました	マナーに関連する語彙	故郷と異なる韓国のマナーについての文を書く
3課	学校施設	(1) 私たちの学校の図書館は6階建ての建物です	図書館の利用に関連する語彙	図書館の利用方法を説明する文を書く
		(2) 廊下で大声で話さないようにしましょう	寄宿舎の施設に関連する語彙	寄宿舎利用時、気をつける点を書く
		(3) 卓球場を利用したいのですが,どうしなければなりませんか	運動装備に関連する語彙	体育施設を問い合わせる文を書く
4課	集まり	(1) 開講の集まりをしようと思います	開講,終講に関連する語彙	学科の集まりに招待する文を書く
		(2) 資料を集めてまとめようと思います	課題に関連する語彙	グループの集まりを案内するメールを書く
		(3) 打ち上げをする理由がわかりそうだ	打ち上げの集まりに関連する語彙	打ち上げの感想を書く
5課	ショッピング	(1) ホームショッピングで運動服を1着買いました	オンラインショッピングに関連する語彙	オンラインショッピングの利点と欠点を書く
		(2) 近くに中古家電を売る市場があるの?	市場の種類に関連する語彙	いろいろな市場について問い合わせるメールを書く
		(3) 他の人が使っていた品物を売買できます	フリーマーケットに関連する語彙	フリーマーケットを紹介する文を書く

課	テーマ	タイトル	表現	活動
6課	健康	(1) 食べ物でも健康を守れると答えました	食品の種類に関連する語彙	健康のための食習慣を紹介する文を書く
		(2) 毎日少しずつ運動をしなければなりません	病気の症状に関連する語彙	健康管理の方法についてのコラムを書く
		(3) 温かい水をよく飲むようにいった	病院の種類に関連する語彙	病院に行った経験を書く
7課	インターネット	(1) 顔を見て話すことができてよいです	インターネットの活用に関連する語彙	インターネットですることの長所·短所を比較する文を書く
		(2) インターネット講義を初めて申請しました	インターネット講義に関連する語彙	インターネット講義の長所と短所を説明する文を書く
		(3) 勉強するときわからないことがあったらインターネット辞典を利用する	インターネットの活用に関連する語彙	インターネットを利用した勉強の経験を書く
8課	大学文化	(1) 今となっては私も時々後輩にごはんをおごりもする	学生の消費文化に関連する語彙	韓国の大学生の消費文化を紹介する手紙を書く
		(2) 電子工学科の学生と学科のミーティングを行おうと思います	大学生の集まりに関連する語彙	大学連合の集まりを提案する文を書く
		(3) 今回、外国人市場を行ったらいいです	大学祭に関連する語彙	学校のインターネットの掲示板に提案する内容の文を書く
9課	依頼と相談	(1) 率直に話してみるのがよさそうだ	悩み, 相談に関連する語彙	悩みを相談する文を書く
		(2) 教授の話を理解できなくてミスもしました	留学生活の気分に関連する語彙	留学生活の経験についての文を書く
		(3) どのように勉強しなければならないのかわかりません	悩みの内容に関連する語彙	教授へ相談を申請するメールを書く
10課	余暇生活	(1) 豆腐定食が格別の味です	食べ物に関連する語彙	おいしい店を紹介する文を書く
		(2) 美術館に入って展示会も見物した	観光地に関連する語彙	ソウル旅行の感想文を書く
		(3) 毎日テレビを見たら役立つようだった	テレビ番組に関連する語彙	友達にテレビ番組を推薦する文を書く

内容结构

课别	主题	题目	词汇	学习目标
第一课	介绍	⑴ 我是来自日本名古屋的由纪。	专业，故乡，职业相关词汇。	介绍自己的梦想，家人
		⑵ 我朋友长得很帅，性格开朗。	爱好相关词汇。	介绍朋友
		⑶ 要是喜欢舞蹈的朋友加入进来就好了。	社团种类相关词汇	介绍社团
第二课	学校生活	⑴ 可能晚了一些，这周五之前交上，可以吗？	上课相关词汇	向教授请教问题
		⑵ 打算申请学生食堂的兼职工作。	公告板信息相关词汇	咨询信息
		⑶ 我以为韩国也是那样的。	礼貌相关词汇	写与故乡不同的韩国礼节
第三课	学校设施	⑴ 我们学校的图书馆是6层建筑。	图书馆使用相关词汇	说明图书馆的使用方法
		⑵ 不要在走廊里大声说话。	宿舍设施相关词汇	写利用宿舍时需要注意的地方
		⑶ 想使用乒乓球场，怎么办？	健身器材相关词汇	询问体育设施
第四课	聚会	⑴ 打算组织开课聚会。	开课，结课相关词汇	写系里组织聚会的邀请函
		⑵ 要收集，整理资料	课业相关词汇	写一封通知小组聚会的邮件
		⑶ 似乎可以理解聚餐的理由了。	聚餐相关词汇	写聚餐后的感想
第五课	购物	⑴ 通过电视购物买了一件运动服。	网上购物相关词汇	写网上购物的优缺点
		⑵ 附近有没有卖二手家电的地方？	市场种类相关词汇	写一封询问各种市场的邮件
		⑶ 可以买卖别人用过的东西	跳蚤市场相关词汇	介绍跳蚤市场

课别	主题	题目	词汇	学习目标
第六课	健康	(1) 说饮食也同样可以维护健康	食品种类相关词汇	介绍健康的饮食习惯
		(2) 每天都需要运动运动。	疾病症状相关词汇	写保健专栏
		(3) 让多喝热水。	医院种类相关词汇	写去医院的经历
第七课	互联网	(1) 可以面对面交流，挺好的。	网络利用相关词汇	写利用网络做某事的优缺点
		(2) 第一次申请网络课程。	网络课程相关词汇	说明网络课程的优缺点
		(3) 学习的时候，若有不会的问题，就利用网络词典。	网络利用相关词汇	介绍利用网络学习的经历
第八课	大学文化	(1) 现在我偶尔也会请后辈吃饭。	学生消费文化相关词汇	写一封信介绍韩国大学生的消费文化
		(2) 要和电子工程系的学生联谊。	大学生聚会相关词汇	写举行大学联合会的计划书
		(3) 这次要是举办外国人集市就好了。	大学庆典相关词汇	在学校的电子公告板上提建议
第九课	请求与咨询	(1) 坦白说出来好一点。	烦恼，咨询相关词汇	诉说烦恼
		(2) 因为没有理解教授的话所以也犯过一些错误。	留学生活心情相关词汇	介绍留学生活经历
		(3) 不知道应该怎么学习。	烦恼相关词汇	给教授写一封邮件，预约面谈时间
第十课	业余生活	(1) 豆腐套餐别有一番风味。	食物相关词汇	介绍美食店
		(2) 还进美术馆观看了展览。	旅游景点相关词汇	写首尔旅游观后感
		(3) 每天看电视好像很有帮助。	电视节目相关词汇	向朋友推荐电视节目

제 1 과

소개

01 일본 나고야에서 온 유키입니다

02 제 친구는 멋있고 성격이 밝아요

03 춤을 사랑하는 친구들이 왔으면 좋겠습니다

01 일본 나고야에서 온 유키입니다

학/습/목/표 자신의 꿈과 가족을 소개하는 글을 쓸 수 있다.

EN Objective be able to introduce your dream and family in writing
JP 学習目標 自身の夢と家族を紹介する文を書くことができる。
CH 学习目标 会介绍自己的梦想和家人。

준비해 봅시다

EN Let's get ready JP 準備してみましょう CH 热身活动

01 읽고 관계있는 것을 연결하십시오.

EN Read and draw a line to what is related. JP 読んで関係があるものを線で結びなさい。 CH 读一读, 连一连。

(가) 저는 일본 나고야에서 온 리에입니다. 22살입니다. 제 가족은 모두 세 명입니다. 아버지, 어머니, 그리고 저입니다. 부모님은 모두 일본에 계십니다. 한국 생활이 재미있습니다.

(나) 제 전공은 한국학입니다. 한국어도 배우고 한국 문화도 배우기 위해서 한국에 왔습니다. 제 꿈은 한국어 선생님입니다. 좋은 선생님이 되기 위해서 열심히 하겠습니다.

(가) •	• 나의 꿈
(나) •	• 가족 소개

02 관계있는 어휘를 찾아 연결해 보십시오.

EN Find the related vocabulary and connect with a line. JP 関係がある語彙を線で結んでみなさい。 CH 连接对应的词汇。

자기 소개 •	• 형제, 부모님
가족 소개 •	• 이름, 나이, 국적
전공 소개 •	• 호텔조리학, 실용음악학, 연극영화학
직업 소개 •	• 요리사, 영화감독, 태권도 사범

써 봅시다

EN Let's write JP 書いてみましょう CH 写一写

01 〈보기〉와 같이 쓰십시오.

EN Write as it is shown in the example. JP 〈例〉のように書きなさい。 CH 仿照范文，写一写。

1. 고향이 어디입니까? 가족이 몇 명입니까? 한국 생활이 어떻습니까?

EN Where is your hometown? How many people are in your family? How do you like living in Korea?
JP 故郷はどこですか。家族は何人ですか。韓国の生活はどうですか。 CH 故乡是哪里? 家里有几口人? 韩国的生活怎么样?

이름 : 샤오엔
나이 : 23살
고향 : 북경
가족 : 부모님, 나, 동생

〈보기〉
저는 중국 북경에서 온 샤오엔입니다. 23살입니다. 제 가족은 모두 네 명입니다. 아버지하고 어머니, 동생, 그리고 저입니다. 부모님은 모두 북경에 계십니다. 한국 생활이 바쁘지만 재미있습니다.

❶
이름 : 마이클
나이 : 20살
고향 : 뉴욕
가족 : 아버지, 어머니, 형, 누나, 나

❷
이름 : 호앙
나이 : 28살
고향 : 하노이
가족 : 아내, 아들, 딸

2. 전공이 무엇입니까? 한국에서 무엇을 하고 싶습니까? 꿈이 무엇입니까?

EN What is your major? What do you want to do in Korea? What is your dream?
JP 専攻は何ですか。韓国で何をしたいですか。夢は何ですか。 CH 专业是什么? 想在韩国做什么? 梦想是什么?

전공 : 연극영화학
한국에 온 이유 :
한국 영화 공부
꿈 : 영화감독

〈보기〉
제 전공은 연극영화학입니다. 한국 영화를 공부하기 위해서 한국에 왔습니다. 제 꿈은 영화감독입니다. 앞으로 좋은 영화를 많이 만들고 싶습니다.

❶

전공 : 실용음악학 한국에 온 이유 : 한국 노래와 춤 배우기 꿈 : 가수	

❷

전공 : 체육학 한국에 온 이유 : 태권도 배우기 꿈 : 태권도 사범	

02 〈보기〉와 같이 자기를 소개하는 글을 쓰십시오.

EN Write a self- introduction as it is shown in the example. JP 〈例〉のように自分を紹介する文を書きなさい。
CH 仿照范文，写一篇自我介绍。

이름 / 나이 / 고향	안젤리카 / 25살 / 러시아
가족	부모님, 남동생
전공	호텔조리학
한국에 온 이유	한국 요리를 배우다
나의 꿈	한식 요리사

〈보기〉 저는 러시아에서 온 안젤리카입니다. 25살입니다. 제 가족은 모두 네 명입니다. 부모님과 남동생, 그리고 저입니다. 가족은 모두 모스크바에 있고 저는 서울에 있습니다.

제 전공은 호텔조리학입니다. 한국 요리를 배우기 위해서 한국에 왔습니다. 제 꿈은 한식 요리사입니다. 러시아에 돌아가서 한식을 만드는 요리사가 되고 싶습니다.

이름 / 나이 / 고향	
가족	
전공	
한국에 온 이유	
나의 꿈	

정리해 봅시다

EN Let's review JP まとめてみましょう CH 整理整理

여러분은 왜 한국에 왔습니까? 한국에서 무엇을 하고 싶습니까? 이야기해 보십시오.

EN Why have you come to Korea? What do you want to do in Korea? Talk about it.

JP みなさんはなぜ韓国に来ましたか。韓国で何をしたいですか。話してみなさい。 CH 请谈一谈，大家为什么来到韩国？想在韩国做什么？

02 제 친구는 멋있고 성격이 밝아요

학/습/목/표 친구를 소개하는 글을 쓸 수 있다.

EN Objective be able to introduce your friend in writing
JP 学習目標 友達を紹介する文を書くことができる。
CH 学习目标 会介绍朋友。

준비해 봅시다

EN Let's get ready JP 準備してみましょう CH 热身活动

01 읽고 관계있는 것을 연결하십시오.

EN Read and draw a line to what is related. JP 読んで関係があるものを線で結びなさい。 CH 读一读，连一连。

(가) 러시아 친구를 만나고 싶어요? 제 친구는 러시아 사람인데 한국에서 대학교에 가기 위해서 한국말을 공부하고 있어요. 이 친구는 한국어로 이야기할 친구를 만나고 싶어 해요.

(나) 제 친구는 멋있고 성격이 밝아요. 영화 보기와 등산하기를 좋아해요. 그래서 이 친구는 주말마다 영화관에 가서 영화를 봐요. 그리고 날씨가 좋으면 산에도 자주 가요. 이 친구를 만나고 싶으면 저한테 연락해 주세요.

(가) • • 친구의 국적과 요즘 하는 일

(나) • • 친구의 성격과 취미

02 〈보기〉에서 관계있는 어휘를 찾아 쓰십시오.

EN Find the related vocabulary from the example and write them. JP 〈語群〉から関係がある語彙を探して書きなさい。
CH 请在范文中找出对应的词汇，并把它写下来。

보기 책 읽기 등산 여행 영화 보기 요리 음악 듣기

(1) (   )

(2) (   )

(3) (   )

(4) (   )

(5) (   )

(6) (   )

써 봅시다

EN Let's write JP 書いてみましょう CH 写一写

01 〈보기〉와 같이 쓰십시오.

EN Write as it is shown in the example. JP 〈例〉のように書きなさい。 CH 仿照范文，写一写。

1. 친구는 어느 나라 사람입니까? 요즘 무엇을 하고 있습니까? 어떤 친구를 만나고 싶어 합니까?

EN What country is your friend from? What is he/she doing these days? What kind of friend does he/she want to meet?

JP 友達はどこの国の人ですか。最近何をしていますか。どんな友達に会いたがっていますか。

CH 你朋友是哪国人? 他最近在做什么? 他想结交什么样的朋友?

〈보기〉
제 친구는 일본 사람인데 지금 어학당에서 한국말을 배우고 있어요. 한국말로 같이 이야기할 친구를 만나고 싶어 해요.

❶

....

....

....

❷

....

....

....

2. 친구는 어떤 사람입니까? 친구의 취미는 무엇입니까?

EN What kind of friend is he/she? What is your friend's hobby? JP 友達はどんな人ですか。友達の趣味は何ですか。
CH 你朋友是什么样的人? 他的爱好是什么?

예쁘다 / 친절하다 /
쇼핑 / 음악 듣기

〈보기〉
제 친구는 예쁘고 친절해요. 쇼핑과 음악 듣는 것을 좋아해요. 그래서 시간이 있으면 백화점에 가요. 그리고 좋아하는 가수의 콘서트에도 자주 가요.

❶

멋있다 / 성격이 좋다 /
등산 / 영화 보기

❷

똑똑하다 / 마음이 넓다 /
책 읽기 / 여행

02 〈보기〉와 같이 사회관계망서비스(SNS)에 여러분의 친구를 소개하는 글을 쓰십시오.

EN Introduce your friend in writing through SNS(Social Networking Service) as it is shown in the example. JP 〈例〉のようにソーシャルネットワーキングサービス(SNS)にみなさんの友達を紹介する文を書きなさい。 CH 仿照范文，在SNS上写一篇介绍你朋友的短文。

국적	독일
하는 일	한국어 공부
만나고 싶어 하는 친구	여행을 좋아하는 친구
성격	친절하다, 마음이 따뜻하다
취미	요리, 여행

〈보기〉 독일 친구를 만나고 싶어요? 제 친구는 독일 사람인데 지금 한국어를 공부하고 있어요. 이 친구는 여행을 좋아하는 친구를 만나고 싶어 해요.
제 친구는 아주 친절하고 마음이 따뜻한 사람이에요. 요리와 여행을 좋아해요. 그래서 친구들과 여러 나라 음식을 만들어서 먹어요. 그리고 주말마다 한국의 여러 도시를 여행해요.
이 친구를 만나고 싶으면 저한테 연락해 주세요.

국적	
하는 일	
만나고 싶어 하는 친구	
성격	
취미	

정리해 봅시다

EN Let's review JP まとめてみましょう CH 整理整理

여러분은 어느 나라 친구를 만나고 싶습니까? 그 친구와 무엇을 하고 싶습니까? 이야기해 보십시오.

EN What kind of friend from what country would you like to meet? What would you like to do together? Talk about it. JP みなさんはどこの国の友達に会いたいですか。その友達と何をしたいですか。話してみなさい。 CH 请谈一谈，大家想结交哪个国家的朋友? 想跟那个朋友做什么?

03 춤을 사랑하는 친구들이 왔으면 좋겠습니다

학/습/목/표 동아리를 소개하는 글을 쓸 수 있다.

EN Objective be able to write an introduction about a club
JP 学習目標 サークルを紹介する文を書くことができる。
CH 学习目标 会介绍社团。

준비해 봅시다

EN Let's get ready JP 準備してみましょう CH 热身活动

01 읽고 관계있는 것을 연결하십시오.

EN Read and draw a line to what is related. JP 読んで関係があるものを線で結びなさい。 CH 读一读，连一连。

(가) 댄스 동아리 '하리'를 소개합니다.
'하리'는 댄스 동아리입니다. 일주일에 두 번, 수요일과 금요일에 연습실에 모여서 춤을 춥니다. 연습실은 학교 근처에 있습니다.

(나) 춤을 잘 못 춥니까? 걱정하지 마세요. 우리 동아리는 춤을 잘 못 추는 사람도 같이 할 수 있습니다. 하지만 음악과 춤을 사랑하는 친구들이 왔으면 좋겠습니다. '하리'와 함께 하고 싶은 친구들은 다음 이메일로 연락 주십시오.

e-mail : harie1@yonsei.ac.kr

(가) • • 동아리에 드는 방법

(나) • • 동아리 소개

02 다음 그림을 보고 〈보기〉에서 알맞은 동아리를 찾아 쓰십시오.

EN Look at the pictures and find the right club from the example. JP 次の絵を見て〈語群〉から適当なサークルを探して書きなさい。
CH 看下面图片，在范例中找出合适的社团，并把它写下来。

보기

사진 동아리	합창 동아리	봉사 동아리
만화 동아리	등산 동아리	태권도 동아리

(   )

(   )

(   )

(　　　　　　　　)

(　　　　　　　　)

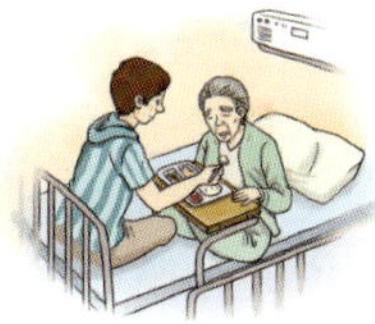

(　　　　　　　　)

써 봅시다

EN Let's write JP 書いてみましょう CH 写一写

01 〈보기〉와 같이 쓰십시오.

EN Write as it is shown in the example. JP 〈例〉のように書きなさい。 CH 仿照范文，写一写。

1. 이 동아리는 무슨 동아리입니까? 언제 만나서 무엇을 합니까?

EN What kind of club is this? When do you meet and what do you do? JP このサークルは何のサークルですか。いつ会って何をしますか。
CH 这是什么社团? 什么时候见面，做什么?

합창 동아리 '하모니' / 목요일

〈보기〉
'하모니'는 합창 동아리입니다. 일주일에 한 번, 목요일에 동아리방에 모여서 노래를 부릅니다.

❶

사진 동아리 '풍경' / 수요일과 일요일

❷

태권도 동아리 '얍' / 금요일

2. 어떤 사람들이 동아리에 왔으면 좋겠습니까?

EN What kind of people would you like to join this club? JP どんな人たちがサークルに来たらいいですか。
CH 希望什么样的人加入这个社团?

〈보기〉
노래를 잘 못 부르는 사람도 같이 할 수 있습니다. 하지만 음악을 정말 사랑하는 사람이 왔으면 좋겠습니다.

❶

❷

02 〈보기〉와 같이 신입생에게 동아리를 소개하는 글을 쓰십시오.

EN Write an introduction about a club for incoming freshmen as it is shown in the example.
JP 〈例〉のように新入生にサークルを紹介する文を書きなさい。 CH 仿照范文，向新生介绍一下社团。

동아리 이름	배드민턴 동아리 '용대사랑'
모임 날짜	화, 목, 토
동아리 활동	배드민턴을 치다 / 이야기를 하다
같이 하고 싶은 사람	배드민턴을 좋아하는 사람, 여학생

〈보기〉 배드민턴 동아리, '용대사랑'을 소개합니다.
우리 동아리는 일주일에 세 번, 화요일과 목요일, 토요일에 체육관에서 만나서 배드민턴을 칩니다. 그리고 선배들과 이야기도 합니다.
배드민턴을 잘 못 치는 사람도 같이 할 수 있습니다. 하지만 배드민턴을 정말 좋아하는 분들이 오셨으면 좋겠습니다. 그리고 남학생이 많으니까 여학생이 많이 왔으면 더 좋겠습니다.
'용대사랑'과 같이 하고 싶은 분들은 지금 바로 저희 홈페이지에 와 주세요.

동아리 이름	
모임 날짜	
동아리 활동	
같이 하고 싶은 사람	

정리해 봅시다

EN Let's review JP まとめてみましょう CH 整理整理

여러분이 하고 싶은 동아리는 어떤 동아리입니까? 어떤 사람들이 같이 했으면 좋겠습니까? 이야기해 보십시오.

EN What club would you like to join? What kind of people would you like to have in the club? Talk about it.

JP みなさんが加入したいサークルはどんなサークルですか。どんな人たちと一緒に活動できたらいいですか。話してみなさい。

CH 请谈一谈，大家想加入什么样的社团？希望和什么样的人一起活动？

제2과

학교 생활

01 늦었지만 이번 주 금요일까지 보내도 될까요?

02 학생 식당 아르바이트를 신청하려고 합니다

03 한국도 그런 줄 알았습니다

01 늦었지만 이번 주 금요일까지 보내도 될까요?

학/습/목/표 교수님께 문의하는 글을 쓸 수 있다.

EN Objective be able to write an inquiry to your professor
JP 学習目標 教授に問い合わせる文を書くことができる。
CH 学习目标 会向教授请教问题。

준비해 봅시다

EN Let's get ready JP 準備してみましょう CH 热身活动

01 읽고 관계있는 것을 연결해 보십시오.

EN Read and draw a line to what is related. JP 読んで関係があるものを線で結んでみなさい。 CH 读一读，连一连。

편지 쓰기

받은 편지함(79)

받은 편지함 x

.... < ...@..... >

교수님께

(가) 교수님 안녕하십니까? 중국에서 온 경영학과 1학년 쑤엔입니다. 지난주에 고향에 일이 생겨서 수업에 못 갔습니다. 그래서 화요일까지 보내야 할 보고서를 아직 보내지 못했습니다.

(나) 늦었지만 이번 주 금요일까지 보내도 될까요? 이번 주 안에 꼭 해서 교수님 이메일로 보내겠습니다.

바쁘신데 죄송합니다. 다음 수업 때 뵙겠습니다.

안녕히 계십시오.

쑤엔 올림

(가) • • 과제를 늦게 내도 됩니까?

(나) • • 왜 수업에 못 갔습니까?

02 관계있는 어휘를 찾아 연결해 보십시오.

EN Find the related vocabulary and connect with a line. JP 関係がある語彙を線で結んでみなさい。 CH 连接对应的词汇。

출석 •	• 학기 중간에 시험을 보다
결석 •	• 수업을 하지 않고 쉬다
지각 •	• 수업에 늦다
중간시험 •	• 수업에 가다
기말시험 •	• 학기 마지막에 시험을 보다
휴강 •	• 수업에 가지 않다

써 봅시다

EN Let's write JP 書いてみましょう CH 写一写

01 〈보기〉와 같이 쓰십시오.

EN Write as it is shown in the example. JP 〈例〉のように書きなさい。 CH 仿照范文，写一写。

1. 누구입니까? 무슨 문제가 생겼습니까?

EN Who is this? What seems to be the problem? JP 誰ですか。何の問題が生じましたか。 CH 他是谁? 他出了什么问题?

〈닉 / 역사학과 / 1학년〉

〈보기〉
역사학과 1학년 닉입니다. 바쁜 일이 생겨서 다음 주에 발표를 못 할 것 같습니다.

❶

〈샤샤 / 컴퓨터학과 / 1학년〉

❷

〈마리아 / 방송학과 / 4학년〉

2. 교수님께 무엇을 물어보고 싶습니까?

EN What would you like to ask the professor? JP 教授に何を尋ねたいですか。 CH 他打算向教授请教什么问题?

〈닉〉

〈보기〉
죄송하지만 발표 순서를 바꿔도 될까요? 아니면 발표 날짜를 바꿀 수 있을까요? 그러면 점수에 문제가 생깁니까?

❶

〈사샤〉

❷

〈마리아〉

02 왜 수업에 못 갔습니까? 무슨 문제가 생겼습니까? 어떻게 준비해야 합니까? 〈보기〉와 같이 교수님께 이메일을 쓰십시오.

EN Why were you not able to go to class? What was the problem? What should you do to prepare? Write an email to your professor as it is shown in the example. JP なぜ授業に行けませんでしたか。何の問題が生じましたか。どのように準備しなければなりませんか。〈例〉のように教授にメールを書きなさい。 CH 为什么没去上课？出了什么问题？怎么准备？仿照范文，给教授写一封邮件。

수업에 못 간 이유	몸이 아파서 결석하다
생긴 문제	시험을 못 보다
질문하고 싶은 것	재시험 / 점수

메일 쓰기

보내기 | 미리보기 | 임시 저장

〈보기〉 교수님, 안녕하십니까? 저는 기계공학과 1학년 마사오입니다.
지난주에 중간시험을 못 봤습니다. 몸이 너무 아파서 학교에 갈 수 없었습니다. 그래서 교수님께 이메일을 씁니다.
시험을 다시 보고 싶은데 대학교에도 재시험이 있습니까? 시험을 보지 않고 보고서를 내면 점수가 나쁩니까?
바쁘신데 정말 죄송합니다. 다음 수업 시간에 꼭 가겠습니다.
안녕히 계십시오.

마사오 올림.

수업에 못 간 이유	
생긴 문제	
질문하고 싶은 것	

메일 쓰기

보내기 미리보기 임시 저장

정리해 봅시다

EN Let's review JP まとめてみましょう CH 整理整理

교수님께 이메일을 쓴 일이 있습니까? 무슨 일로 이메일을 썼습니까? 이야기해 보십시오

EN Have you ever written an email to your professor? What made you write the email? Talk about it. JP 教授にメールを書いたことがありますか。何の件でメールを書きましたか。話してみなさい。 CH 请谈一谈，你有没有给教授写过邮件？是因为什么事？

02 학생 식당 아르바이트를 신청하려고 합니다

학/습/목/표 정보를 구하는 글을 쓸 수 있다.

EN Objective be able to write a request for information
JP 学習目標 情報を求める文を書くことができる。
CH 学习目标 会咨询信息。

준비해 봅시다

EN Let's get ready JP 準備してみましょう CH 热身活动

01 읽고 관계있는 것을 연결하십시오.

EN Read and draw a line to what is related. JP 読んで関係があるものを線で結びなさい。 CH 读一读，连一连。

편지 쓰기

받은 편지함(79)

받은 편지함 x

.... < ...@..... >

(가) 안녕하세요? 저는 경영학과 1학년 장유입니다. 학생회관 게시판을 보고 연락드립니다. 학생 식당 아르바이트를 신청하려고 합니다.

(나) 저는 한국에 온 지 얼마 안 돼서 한국말을 잘 할 수 없는데 아르바이트를 할 수 있습니까? 몇 시부터 몇 시까지 일합니까? 한 시간에 얼마를 받을 수 있습니까? 알고 싶습니다. 그럼 연락을 기다리겠습니다. 감사합니다.

(가) • • 알고 싶은 것

(나) • • 메일을 보내는 이유

02 〈보기〉에서 관계있는 어휘를 찾아 쓰십시오.

EN Find the related vocabulary from the example and write them. JP 〈語群〉から関係がある語彙を探して書きなさい。
CH 请在范文中找出对应的词汇，并把它写下来。

보기 장학금 교환학생 자원봉사 교내 아르바이트 공지사항

게시판

외로운 할아버지, 할머니의 친구가 되어 줄 사람을 찾습니다.	학교 식당에서 일할 학생을 찾습니다.	일본 사쿠라 대학교에서 일년 동안 공부할 좋은 기회입니다.	성적이 좋고 열심히 공부하는 학생들에게 등록금을 드립니다.	이번 주말에 건물 청소가 있습니다. 주말에는 들어올 수 없습니다.
( )	( )	( )	( )	( )

써 봅시다

EN Let's write JP 書いてみましょう CH 写一写

01 〈보기〉와 같이 쓰십시오.

EN Write as it is shown in the example. JP 〈例〉のように書きなさい。 CH 仿照范文，写一写。

1. 어디에서 정보를 봤습니까? 무엇을 신청하고 싶습니까?

EN Where did you see that information? What would you like to sign up for? JP どこで情報を見ましたか。何を申請したいですか。
CH 在哪里看到的信息？想申请什么？

영문과 게시판 / 미국 대학교 교환 학생	**〈보기〉** 영문과 게시판을 보고 연락드립니다. 다음 학기에 미국 대학교 교환 학생을 신청하려고 합니다.

❶

학생회관 게시판 / 도서관 아르바이트	

❷

도서관 게시판 / 자원봉사	

2. 여러분은 무엇이 알고 싶습니까?

EN What would you like to know? JP みなさんは何が知りたいですか。 CH 大家想知道什么？

〈보기〉
영어 점수는 몇 점을 받아야 합니까? 기숙사에서 살 수 있습니까? 생활비는 얼마쯤 필요합니까?

❶

❷

02 〈보기〉와 같이 여러분이 알고 싶은 것을 질문하는 이메일을 쓰십시오.

EN Write an email asking questions for what you would like to know as it is shown in the example. JP 〈例〉のようにみなさんが知りたいことを質問するメールを書きなさい。 CH 仿照范文，写一封邮件咨询大家想知道的信息。

신청하고 싶은 것	장학금
알고 싶은 것	외국인도 받을 수 있을까? 학점이 좋아야 할까? 다른 장학금과 같이 받을 수 있을까?

메일 쓰기

보내기 미리보기 임시 저장

〈보기〉 안녕하세요. 저는 연세대학교 사회학과 1학년 왕웨이입니다.
게시판을 보고 연락드립니다. 저는 이번 학기에 장학금을 신청하려고 합니다. 그런데 외국인도 이 장학금을 받을 수 있습니까? 그리고 학점이 좋아야 합니까? 다른 장학금과 같이 받을 수 있습니까? 알고 싶습니다. 그럼 연락을 기다리겠습니다. 감사합니다.

신청하고 싶은 것	
알고 싶은 것	

메일 쓰기

보내기 미리보기 임시 저장

정리해 봅시다

EN Let's review JP まとめてみましょう CH 整理整理

여러분은 학교 게시판에서 무슨 안내문을 봤습니까? 신청하고 싶은 것이 있습니까? 무엇을 더 알고 싶습니까? 이야기해 보십시오.

EN What information did you see on the school bulletin board? Is there something you would like to sign up for? What more would you like to know? Talk about it. JP みなさんは学校の掲示板で何の案内文を見ましたか。申請したいものがありますか。何をもっと知りたいですか。話してみなさい。
CH 请谈一谈，大家在学校的公告板上都看到过哪些通知？有没有想要申请的？还想知道一些什么信息？

03 한국도 그런 줄 알았습니다

학/습/목/표 고향과 다른 한국의 학교 예절을 글로 쓸 수 있다.

EN Objective be able to write about Korean manners that are different from your home country
JP 学習目標 故郷と異なる韓国のマナーを文で書くことができる。
CH 学习目标 会写与故乡不同的韩国礼节。

준비해 봅시다

EN Let's get ready JP 準備してみましょう CH 热身活动

01 읽고 관계있는 것을 연결하십시오.

EN Read and draw a line to what is related. JP 読んで関係があるものを線で結びなさい。 CH 读一读，连一连。

(가) 저는 지난주 전공 수업 시간에 지각을 했습니다. 저는 앞문을 열고 들어갔습니다. 고향에서는 수업에 늦었을 때 앞문으로 들어가도 됩니다. 한국도 그런 줄 알았습니다.

(나) 그런데 한국에서는 그것이 예의가 없는 행동이었습니다. 수업이 끝나고 반 친구에게서 그 이야기를 듣고 깜짝 놀랐습니다. 지금은 수업 시간에 늦으면 뒷문으로 조용히 들어갑니다. 하지만 한국의 예절은 고향의 예절과 많이 달라서 지키기가 어렵습니다.

(가) • • 나의 경험

(나) • • 한국과 고향의 다른 예절

02 다음에서 예의가 없는 행동을 고르십시오.

EN Choose the actions that are not polite. JP 次の中で礼儀を欠いた行動を選びなさい。 CH 下列选项中，哪一项属于没有礼貌的行为?

- ☐ 교수님께 한 손으로 물건 드리기
- ☐ 어른 앞에서 껌 씹기
- ☐ 수업 시간에 모자 쓰고 수업 듣기
- ☐ 수업 중에 일이 생겼을 때 조용히 나가기
- ☐ 수업 시간에 문자 보내기
- ☐ 슬리퍼 신고 수업 듣기
- ☐ 수업에 늦었을 때 뒷문으로 들어가기

써 봅시다

EN Let's write JP 書いてみましょう CH 写一写

01 〈보기〉와 같이 쓰십시오.

EN Write as it is shown in the example. JP 〈例〉のように書きなさい。 CH 仿照范文，写一写。

1. 무엇을 했습니까? 왜 그렇게 했습니까? 고향에서는 어떻습니까?

EN What did he do? Why did he do that? What is it like in your home country? JP 何をしましたか。なぜそうしましたか。故郷ではどうですか。
CH 做什么了？为什么那么做？在故乡怎么样？

슬리퍼를 신고 학교에 가다

〈보기〉
저는 지난 여름에 날씨가 너무 더워서 슬리퍼를 신고 학교에 갔습니다. 고향에서는 날씨가 더우면 학교에서 슬리퍼를 신어도 됩니다. 한국도 그런 줄 알았습니다.

❶

모자를 쓰고 수업을 듣다

❷

교수님을 만날 때 껌을 씹다

2. 한국에서 무엇을 하면 안 됩니까?

EN What is not allowed in Korea? JP 韓国では何をしたらいけませんか。 CH 在韩国，有哪些行为是不可以做的?

〈한국 친구〉

〈보기〉
한국에서는 수업 시간에 슬리퍼를 신는 것이 예의가 아니었습니다. 한국 친구에게서 그 이야기를 듣고 놀랐습니다. 이제는 수업 시간에 슬리퍼를 신지 않습니다.

❶

〈과 선배〉

❷

〈과 친구〉

02 〈보기〉와 같이 고향과 다른 한국의 예절을 쓰십시오.

EN Write about Korean manners that are different from your home country as it is shown in the example. JP 〈例〉のように故郷と異なる韓国のマナーを書きなさい。 CH 仿照范文，写一写与故乡不同的韩国礼节。

고향의 예절	한국의 예절
교수님께 한 손으로 물건을 드리다	교수님께 두 손으로 물건을 드리다

〈보기〉 한국의 학교 예절은 우리 고향의 학교 예절과 많이 다릅니다. 지난 수업 시간에 교수님께서 제 볼펜을 빌려 가셨습니다. 저는 교수님께 한 손으로 볼펜을 드렸습니다. 고향에서는 윗사람에게 물건을 드릴 때 한 손으로 드려도 됩니다. 한국도 그런 줄 알았습니다. 그런데 한국에서는 그것이 예의가 아니었습니다. 수업이 끝나고 교수님에게서 그 이야기를 듣고 많이 놀랐습니다. 지금은 교수님께 두 손으로 물건을 드립니다. 하지만 한국의 예절은 고향의 예절과 많이 달라서 지키기가 어렵습니다.

고향의 예절	한국의 예절

정리해 봅시다

EN Let's review JP まとめてみましょう CH 整理整理

여러분 고향의 학교 예절은 어떻습니까? 한국과 어떻게 다릅니까? 이야기해 보십시오.

EN What is the school etiquette of your home country like? How is it different from Korea? Talk about it.
JP みなさんの故郷の学校のマナーはどうですか。韓国とどのように異なりますか。話してみなさい。
CH 请谈一谈，在大家的故乡，都有哪些学校礼仪？跟韩国有什么不同？

제3과

학교 시설

01 우리 학교 도서관은 6층 건물입니다

학/습/목/표 도서관 이용 방법을 설명하는 글을 쓸 수 있다.

EN Objective be able to write an explanation of how to use the library
JP 学習目標 図書館の利用方法を説明する文を書くことができる。
CH 学习目标 会说明图书馆的使用方法。

준비해 봅시다

EN Let's get ready JP 準備してみましょう CH 热身活动

01 읽고 관계있는 것을 연결하십시오.

EN Read and draw a line to what is related. JP 読んで関係があるものを線で結びなさい。 CH 读一读，连一连。

(가) 우리 학교 도서관은 6층 건물입니다. 1층부터 5층까지는 열람실이 있고 3층에는 멀티미디어실과 세미나실, 4층에는 복사실이 있습니다. 6층에는 편의점이 있습니다.

(나) 도서관에서 세미나실을 이용하고 싶으면 도서관 홈페이지에 들어갑니다. 그리고 원하는 방과 날짜를 고르고 예약합니다.

(가) • • 세미나실 이용 방법
(나) • • 도서관 시설 소개

02 〈보기〉에서 관계있는 어휘를 찾아 쓰십시오.

EN Find the related vocabulary from the example and write them. JP 〈語群〉から関係がある語彙を探して書きなさい。
CH 请在范文中找出对应的词汇，并把它写下来。

보기: 세미나실 컴퓨터실 멀티미디어실 복사실 열람실

( ) ( )

( ) ( )

써 봅시다

EN Let's write JP 書いてみましょう CH 写一写

01 〈보기〉와 같이 쓰십시오.

EN Write as it is shown in the example. JP 〈例〉のように書きなさい。 CH 仿照范文，写一写。

1. 도서관은 몇 층 건물입니까? 도서관에는 무엇이 있습니까?

EN How many floors are in the library? What is in the library? JP 図書館は何階建ての建物ですか。図書館には何がありますか。
CH 图书馆是多少层建筑？图书馆里有什么？

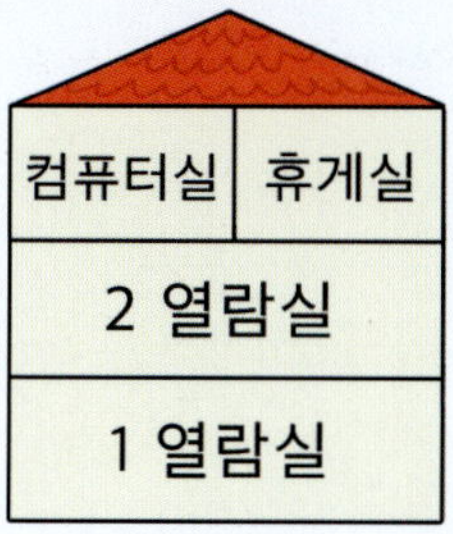

〈보기〉

우리 학교 도서관은 3층 건물입니다. 1층과 2층에는 열람실이 있고 3층에는 컴퓨터실이 있습니다. 그리고 3층에는 휴게실도 있습니다.

❶

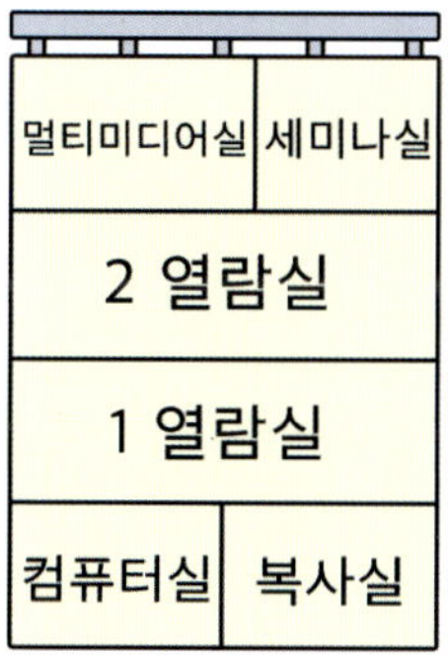

❷

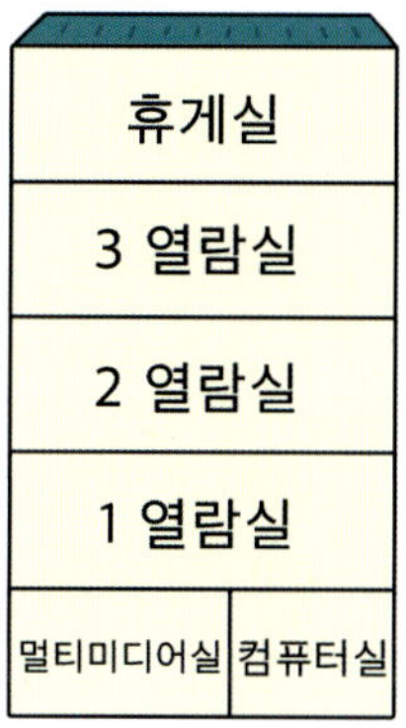

2. 도서관에서 무엇을 하고 싶습니까? 어떻게 이용합니까?

EN What do you want to do in the library? How do you use it? JP 図書館で何をしたいですか。どのように利用しますか。
CH 你想在图书馆做什么？怎么利用？

	책을 빌리다 / 원하는 책을 찾다 / 학생증을 내고 빌리다	**〈보기〉** 도서관에서 책을 빌리고 싶으면 원하는 책을 찾습니다. 그리고 학생증을 내고 빌립니다.
❶	복사를 하다 / 학생증을 복사기에 올려놓다 / 복사기 화면에서 학번(ID)을 누르고 복사하다	
❷	사물함을 쓰다 / 학기 초에 신청하다 / 비밀번호를 누르고 이용하다	

02 〈보기〉와 같이 도서관을 소개하고 그 시설을 이용하는 방법을 설명하는 글을 쓰십시오.

EN Write an introduction about the library and explain the way to use it as it is shown in the example. JP 〈例〉のように図書館を紹介してその施設の利用方法を説明する文を書きなさい。 CH 仿照范文，写一篇介绍图书馆并说明其设施的使用方法的短文。

도서관 건물	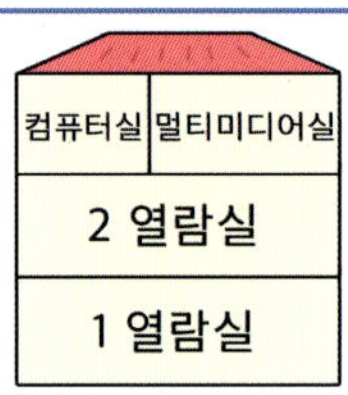
이용하고 싶은 시설	멀티미디어실
이용 방법	원하는 영화 DVD를 찾다/ 학생증을 내고 빌리다

〈보기〉 우리 학교 도서관은 3층 건물입니다. 1층과 2층에는 열람실이 있고 3층에는 컴퓨터실이 있습니다. 그리고 3층에는 멀티미디어실도 있습니다.
도서관에서 영화 DVD를 빌리고 싶으면 멀티미디어실에 가서 원하는 영화 DVD를 찾습니다. 그리고 학생증을 내고 빌립니다.

도서관 건물	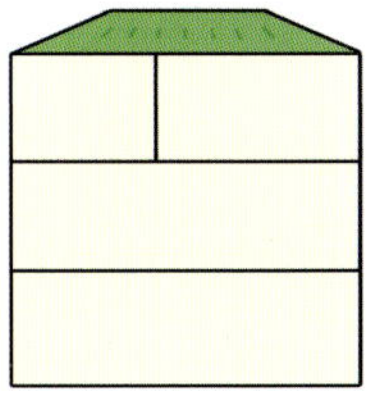
이용하고 싶은 시설	
이용 방법	

정리해 봅시다

EN Let's review JP まとめてみましょう CH 整理整理

여러분은 도서관에 자주 갑니까? 도서관에서 무엇을 자주 합니까? 도서관을 이용할 때 무엇이 어렵습니까? 이야기해 보십시오.

EN Do you go to the library often? What do you usually do at the library? What is difficult while using the library? Talk about it.
JP みなさんは図書館によく行きますか。図書館でよく何をしますか。図書館を利用するとき何が難しいですか。話してみなさい。
CH 请谈一谈，大家是否经常去图书馆？常常在图书馆做什么？使用图书馆时，有什么困难？

02 복도에서 큰 소리로 이야기하지 맙시다

학/습/목/표 기숙사를 이용할 때 조심할 점을 쓸 수 있다.

EN Objective be able to write about things to be careful of while using the dormitory
JP 学習目標 寄宿舎を利用するとき気をつける点を書くことができる。
CH 学习目标 会写利用宿舍时需要注意的地方。

준비해 봅시다

EN Let's get ready JP 準備してみましょう CH 热身活动

01 읽고 관계있는 것을 연결하십시오.

EN Read and draw a line to what is related. JP 読んで関係があるものを線で結びなさい。 CH 读一读，连一连。

(가) 요즘 기숙사에서 밤에 큰 소리로 음악을 듣는 사람이 있습니다. 그리고 복도에서 큰 소리로 이야기를 하는 사람도 있어서 밤에 잠을 못잡니다.

(나) 기숙사는 여러 사람이 같이 쓰는 장소입니다. 다른 사람을 위해서 조심해 주세요.
첫째, 밤에 음악을 크게 켜지 맙시다.
둘째, 복도에서 큰 소리로 이야기하지 맙시다.
셋째, 컴퓨터실을 깨끗하게 사용합시다.

(가) • • 기숙사를 이용할 때 조심할 점

(나) • • 기숙사를 이용할 때 불편한 점

02 〈보기〉에서 관계있는 어휘를 찾아 쓰십시오.

EN Find the related vocabulary from the example and write them. JP 〈語群〉から関係がある語彙を探して書きなさい。
CH 请在范文中找出对应的词汇，并把它写下来。

보기 휴게실 컴퓨터실 샤워실 복도 공동 부엌 세탁실

( )

( )

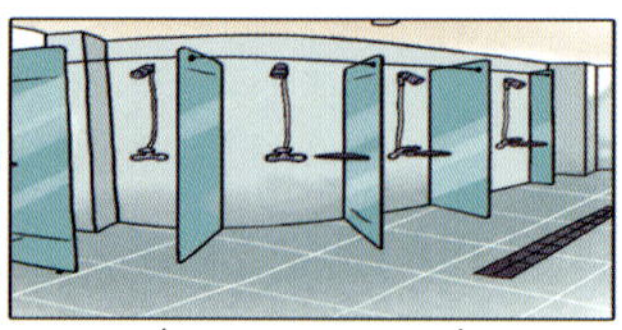
( )

( )

( )

써 봅시다

EN Let's write JP 書いてみましょう CH 写一写

01 〈보기〉와 같이 쓰십시오.

EN Write as it is shown in the example. JP 〈例〉のように書きなさい。 CH 仿照范文，写一写。

1. 기숙사에 어떤 사람들이 있습니까? 무엇 때문에 불편합니까?

EN What kind of people are in the dorms? What makes it uncomfortable?
JP 寄宿舎にどんな人たちがいますか。何のせいで不便ですか。 CH 宿舍里都有什么人？因为什么而不方便？

쓰레기를 버리다 /
텔레비전 전원을 끄지 않다

〈보기〉

요즘 휴게실에서 음식을 먹은 후에 쓰레기를 버리지 않고 가는 사람들이 있습니다. 그리고 텔레비전을 본 후에 텔레비전을 끄지 않고 가는 사람도 있습니다. 요즘 휴게실이 아주 더럽습니다.

❶

물을 잠그지 않다 /
물건을 정리하지 않다

❷

빨래를 꺼내지 않다 /
다른 사람의 옷을 가지고 가다

2. 기숙사 생활에서 무엇을 조심해야 합니까? 무엇을 하지 말아야 합니까?

EN What should you be careful of while living in the dorms? What should you not do? JP 寄宿舎の生活で何を気をつけなければなりませんか。何をしてはいけませんか。 CH 宿舍生活中需要注意什么? 不应该做什么?

〈휴게실〉

〈보기〉
첫째, 쓰레기를 꼭 휴지통에 버립시다.
둘째, 텔레비전을 본 후에 전원을 끕시다.
셋째, 조용히 말합시다.

❶ 〈부엌〉

❷ 〈세탁실〉

02 〈보기〉와 같이 기숙사 생활에서 조심할 점을 쓰십시오.

EN Write about things to be careful of while living in the dorms as it is shown in the example. JP 〈例〉のように寄宿舎の生活で気をつける点を書きなさい。 CH 仿照范文，写一写在宿舍生活中需要注意哪些地方。

기숙사 생활에서 불편한 점	시끄럽게 이야기하다 쓰레기를 휴지통에 버리지 않다
기숙사 생활에서 조심할 점	복도에서 뛰지 않기 휴게실에서 쓰레기를 휴지통에 버리기 샤워실에서 물을 잠그기

〈보기〉 요즘 기숙사 복도에서 시끄럽게 이야기하는 사람이 있습니다. 그리고 쓰레기를 휴지통에 버리지 않는 사람도 있습니다.
기숙사는 여러 사람이 같이 쓰는 장소입니다. 다른 사람을 위해서 조심해 주세요.
첫째, 복도에서 시끄럽게 이야기하지 맙시다.
둘째, 휴게실에서 쓰레기를 휴지통에 버립시다.
셋째, 샤워실에서 물을 쓴 후에 물을 꼭 잠급시다.

기숙사 생활에서 불편한 점	
기숙사 생활에서 조심할 점	

정리해 봅시다

EN Let's review JP まとめてみましょう CH 整理整理

기숙사 생활은 무엇이 편리합니까? 무엇이 불편합니까? 기숙사에서 무엇을 조심해야 합니까? 이야기해 보십시오.

EN What is convenient about living in the dorms? What is uncomfortable? What are some things you need to be careful of while living in the dorms? Talk about it. JP 寄宿舎の生活は何が便利ですか。何が不便ですか。寄宿舎で何を気をつけなければなりませんか。話してみなさい。
CH 请谈一谈，在宿舍里面生活，有哪些方便的地方？有哪些不方便的地方？需要注意哪些地方？

03 탁구장을 이용하고 싶은데 어떻게 해야 합니까?

학/습/목/표 체육 시설을 문의하는 글을 쓸 수 있다.

EN Objective be able to write an inquiry about the sports facilities
JP 学習目標 体育施設を問い合わせる文を書くことができる。
CH 学习目标 会询问体育设施。

준비해 봅시다

EN Let's get ready JP 準備してみましょう CH 热身活动

01 읽고 질문에 답하십시오.

EN Read and answer the questions. JP 読んで質問に答えなさい。 CH 读一读，回答问题。

안녕하십니까? 저는 이번 3월에 입학한 경영학과 왕웨이입니다.

(가) 다음 주 일요일 오후 5시쯤에 친구들과 같이 탁구를 치려고 합니다. 그래서 탁구장을 이용하고 싶은데 어떻게 해야 합니까? 인터넷으로 신청할 수 있습니까? 전화로도 됩니까?

(나) 그리고 탁구채와 탁구공을 탁구장에서 빌릴 수 있습니까? 학생증만 있으면 빌릴 수 있습니까? 같이 탁구를 치는 친구들의 학생증이 모두 필요합니까?

알려 주십시오. 연락 기다리겠습니다.

1. 이 글을 왜 썼습니까? EN Why did he write this? JP この文をなぜ書きましたか。 CH 为什么写这篇文章?

☐ 탁구를 치려고 ☐ 탁구장 위치를 몰라서 ☐ 탁구장 이용 방법을 알고 싶어서

2. 무엇을 질문합니까? 모두 고르십시오. EN What is he asking? Choose all the right answers. JP 何を質問しますか。すべて選びなさい。 CH 问的是什么问题? 请选择所有符合的选项。

☐ 탁구장 위치 ☐ 예약 방법 ☐ 물건을 빌리는 방법 ☐ 연락처

02 다음 그림과 관계있는 어휘를 연결하십시오.

EN Connect the following pictures with the related vocabulary. JP 次の絵と関係がある語彙を線で結びなさい。 CH 连接与下图对应的词汇。

농구공	야구 방망이, 글러브, 야구공	테니스 라켓, 테니스공	수영복, 수영 모자	축구공	탁구채, 탁구공

써 봅시다

EN Let's write JP 書いてみましょう CH 写一写

01 〈보기〉와 같이 쓰십시오.

EN Write as it is shown in the example. JP 〈例〉のように書きなさい。 CH 仿照范文，写一写。

1. 언제 무슨 운동을 하려고 합니까? 어디를 이용하고 싶습니까?

EN What kind of exercise are you interested in and when do you want to do it? What facilities would you like to use? JP いつ何の運動をしようとしますか。どこを利用したいですか。 CH 什么时候做什么运动? 想使用什么地方?

〈보기〉
이번 주 수요일에 농구를 하려고 합니다. 그래서 체육관을 이용하고 싶은데 어떻게 해야 합니까? 직접 가야 합니까? 인터넷으로도 신청할 수 있습니까?

❶

....

....

....

❷

....

....

....

2. 무엇을 빌리고 싶습니까? 그리고 알고 싶은 것은 무엇입니까?

EN What do you want to rent? And what do you want to know? JP 何を借りたいですか。そして知りたいことは何ですか。 CH 想借什么? 想知道什么?

〈보기〉
농구공을 어디에서 빌릴 수 있습니까? 체육관을 몇 시간 동안 이용할 수 있습니까? 학생증이 꼭 있어야 합니까?

❶

❷

02 〈보기〉와 같이 체육 시설을 문의하는 글을 쓰십시오.

EN Write an inquiry about the sports facilities as it is shown in the example. JP 〈例〉のように体育施設を問い合わせる文を書きなさい。
CH 仿照范文，写一篇询问体育设施的短文。

운동	축구
신청 방법	인터넷? / 전화?
알고 싶은 것	축구공? 학생증? 몇 시간쯤?

〈보기〉 안녕하십니까? 저는 경제학과 2학년 알렉스 퍼거슨입니다.
이번에 우리 과에서 경영학과 학생들과 같이 축구를 하려고 합니다. 그래서 축구장을 이용하고 싶은데 어떻게 해야 합니까? 인터넷이나 전화로 신청할 수 있습니까? 그리고 축구공을 어디에서 빌릴 수 있습니까? 학생증이 있어야 합니까? 축구장을 몇 시간동안 빌릴 수 있습니까?
알려 주십시오. 연락 기다리겠습니다.

운동	
신청 방법	
알고 싶은 것	

정리해 봅시다

EN Let's review JP まとめてみましょう CH 整理整理

학교에서 체육 시설을 이용한 적이 있습니까? 무엇을 이용했습니까? 학교에 어떤 체육 시설이 있었으면 좋겠습니까? 이야기해 보십시오.

EN Have you ever used the sports facilities in the school? What kinds of sports facilities would you like to have in the school? Talk about it.
JP 学校で体育施設を利用したことがありますか。何を利用しましたか。学校にどんな体育施設があったらいいですか。話してみなさい。
CH 请谈一谈，你在学校里是否使用过体育设施？使用了哪些设施？你认为学校里面还需要哪些体育设施？

제4과

모임

01 개강 모임을 하려고 합니다

02 자료를 모아서 정리를 하려고 합니다

03 뒤풀이를 하는 이유를 알 것 같다

01 개강 모임을 하려고 합니다

학/습/목/표 과 모임에 초대하는 글을 쓸 수 있다.

EN Objective be able to write an invitation to a meeting for people in the same major
JP 学習目標 学科の集まりに招待する文を書くことができる。
CH 学习目标 会写系里组织聚会的邀请函。

준비해 봅시다

EN Let's get ready JP 準備してみましょう CH 热身活动

01 이 글을 읽고 알 수 있는 것을 고르십시오.

EN Read this announcement and choose what you can know from it. JP この文を読んでわかることを選びなさい。
CH 通过阅读本文，可以知道什么？

게시판

컴퓨터공학과 여러분 안녕하십니까? 저는 과대표 정찬영입니다. 이번 학기 개강 모임을 하려고 합니다. 이번 모임에는 지난 학기에 졸업하신 선배님들도 오실 계획입니다. 바쁘시겠지만 모두 참석해 주시기 바랍니다.

- 날짜: 3월 12일
- 장소: 〈1부〉 자유관 305호(4시) 〈2부〉 통통 삼겹살(6시)
- 연락처: 010 – 1234 – 5678

* 이번 학기 행사 안내와 과 회의도 있으니까 〈1부〉, 〈2부〉 모두 참석해 주시기 바랍니다.

☐ 모임 이유 ☐ 모임 날짜 ☐ 모임 회비

☐ 모임 장소 ☐ 모임 시간

02 관계있는 어휘를 〈보기〉에서 찾아 쓰십시오.

EN Find the related vocabulary from the example and write them. JP 関係がある語彙を〈語群〉から探して書きなさい。 CH 请在下列范文中找出相关词汇并把它写下来。

보기

개강	종강	강의계획서	보고서
시작하다	끝나다	소개	시험

학기 초	
학기 말	

써 봅시다

EN Let's write JP 書いてみましょう CH 写一写

01 〈보기〉와 같이 쓰십시오.

EN Write as it is shown in the example. JP 〈例〉のように書きなさい。 CH 仿照范文，写一写。

1. 무슨 모임입니까? 이 모임에 누가 옵니까?

EN What kind of meeting is this? Who will come to this meeting? JP 何の集まりですか。この集まりに誰が来ますか。
CH 这是什么聚会？谁来参加这个聚会？

종강 모임
교수님

〈보기〉
기계공학과 여러분 안녕하십니까? 저는 1학년 대표 이민우입니다. 이번 학기도 일주일 남았습니다. 그래서 방학 전에 종강 모임을 하려고 합니다. 이번에는 교수님도 오실 계획입니다. 꼭 참석해 주시기 바랍니다.

❶
신입생 환영회
교수님 / 선배님

❷
졸업생 환송회
교수님 / 동문회 선배님

2. 언제 모입니까? 무엇을 합니까?

EN When will the meeting be? What will people do at the meeting? JP いつ集まりますか。何をしますか。 CH 什么时候聚会？做什么？

날짜 / 장소 / 연락처

2학기 행사 날짜 / 행사 내용

〈보기〉
날짜 : 6월 22일
장소 : 〈1부〉 자유관 407호(3시)
〈2부〉 우리 호프집(5시)
연락처 : 010 – 1234 – 5678

* 2학기 행사 날짜와 행사 내용도 알 수 있습니다. 늦게 오시는 분은 연락해 주시기 바랍니다.

❶

날짜 / 장소 / 연락처 신입생 소개 / 선배와의 대화	 *

❷

날짜 / 장소 / 연락처 졸업생과의 대화 / 후배들의 축하공연	 *

02 〈보기〉와 같이 과모임에 초대하는 글을 쓰십시오.

EN Write an invitation to a meeting for people in your major as it is shown in the example.
JP 〈例〉のように学科の集まりに招待する文を書きなさい。 CH 仿照范文，写一篇系里组织聚会的邀请函。

날짜	9월 26일
장소	1부: 학교 대운동장(10시) / 2부: 서울 갈비(5시)
연락처	010 – 1234 – 5678
모임의 종류	체육대회
모임에 오는 사람	교수님 / 졸업생
모임에서 하는 일	축구 / 뒤풀이

게시판

〈보기〉 법학과 여러분 안녕하십니까? 저는 3학년 대표 이수영입니다. 과 체육대회에 여러분을 초대합니다. 이번 체육대회에는 우리 과 교수님과 졸업하신 선배님들도 모두 오십니다. 꼭 참석해 주시기 바랍니다.

날짜: 9월 26일
장소: 〈1부〉 학교 대운동장(10시) 〈2부〉 서울 갈비(5시)
연락처: 010 – 1234 – 5678

* 체육대회가 끝나면 뒤풀이도 있습니다. 뒤풀이만 오실 분들은 연락해 주시기 바랍니다.

날짜	
장소	
연락처	
모임의 종류	
모임에 오는 사람	
모임에서 하는 일	

게시판

정리해 봅시다

EN Let's review JP まとめてみましょう CH 整理整理

여러분 대학교에는 어떤 모임이 있습니까? 모임에서 무엇을 합니까? 앞으로 어떤 모임을 해 보고 싶습니까? 이야기해 보십시오.

EN What kind of meetings are there at your university? What do you do at the meetings? What kind of meetings would you like to have in the future? Talk about it. JP みなさんの大学にはどんな集まりがありますか。集まりで何をしますか。今後どんな集まりをしてみたいですか。話してみなさい。
CH 请谈一谈，大家所在的大学里都有哪些聚会？在聚会中都做什么？今后你想参加什么样的聚会？

02 자료를 모아서 정리를 하려고 합니다

학/습/목/표 조 모임을 안내하는 이메일을 쓸 수 있다.

EN Objective be able to write an email that gives information about a group meeting
JP 学習目標 グループの集まりを案内するメールを書くことができる。
CH 学习目标 会写一封通知小组聚会的邮件。

준비해 봅시다

EN Let's get ready JP 準備してみましょう CH 热身活动

01 읽고 관계있는 것을 연결하십시오.

EN Read and draw a line to what is related. JP 読んで関係があるものを線で結びなさい。 CH 读一读, 连一连。

보내기 | 미리보기 | 임시 저장

안녕하세요. 국어국문학과 손요입니다.

(가) 이번 주 금요일 5시 도서관 3층 세미나실에서 '한국 문화의 이해' 2팀의 조모임을 하겠습니다. 이번 모임에서는 여러분이 찾아오신 자료를 모아 가지고 정리를 하려고 합니다.

(나) 여러분은 모임에 올 때까지 책, 인터넷, 잡지에서 여러 자료를 찾아 보세요. 그리고 찾은 자료를 모두 가지고 오세요. 한 분은 노트북을 가지고 와서 정리를 해 주면 좋겠습니다. 노트북을 가지고 올 수 있는 분은 연락해 주세요.

(가) •
(나) •

- 모임 전에 할 일
- 모임의 목적
- 모임 장소와 시간
- 모임에 가지고 갈 것

02 〈보기〉에서 관계있는 어휘를 찾아 쓰십시오.

EN Find the related vocabulary from the example and write them. JP 〈語群〉から関係がある語彙を探して書きなさい。
CH 在范文中找出相关词汇, 并把它写下来。

보기: 동영상 발표지 보고서 인터뷰 질문 자료

....	....	....
찾다	만들다	쓰다

써 봅시다

EN Let's write JP 書いてみましょう CH 写一写

01 〈보기〉와 같이 쓰십시오.

EN Write as it is shown in the example. JP 〈例〉のように書きなさい。 CH 仿照范文，写一写。

1. 무슨 조 모임을 합니까? 모임에서 무엇을 하겠습니까?

EN What kind of group meeting is it? What will you do at the meeting? JP 何のグループの集まりをしますか。集まりで何をしますか。
CH 是关于哪方面的小组聚会？可能在聚会中做些什么？

〈보기〉
이번 주 토요일 오전 10시에 컴퓨터실에서 '한국 미술의 역사' 수업 조 모임을 하겠습니다. 이번 모임에서는 조 발표를 위해서 발표지를 만들려고 합니다.

❶

❷

2. 모이기 전에 무엇을 해야 합니까? 무엇을 가지고 와야 합니까?

EN What needs to be done before the meeting? What do people need to bring to the meeting?
JP 集まる前に何をしなければなりませんか。何を持って来なければなりませんか。 CH 聚会之前需要做什么？需要带什么过来？

〈보기〉
모두 발표지에 넣을 자료를 준비해 오세요. 그리고 필요한 책도 가지고 오면 좋겠어요. 한 사람은 컴퓨터실을 예약해 주세요.

❶

❷

02 〈보기〉와 같이 조 모임을 알리는 이메일을 쓰십시오.

EN Write an email informing others about a group meeting as it is shown in the example.
JP 〈例〉のようにグループの集まりを知らせるメールを書きなさい。 CH 仿照范文，写一封通知小组聚会的邮件。

수업 이름	한국 음악의 역사
과제 모임에서 할 일	보고서 쓰기
모임 전에 해야 할 일	보고서에 쓸 내용 생각
가지고 올 것	그동안 모은 자료

보내기 | 미리보기 | 임시 저장

〈보기〉 안녕하세요? 저는 경제학과 2학년 토마스입니다.
이번 주 목요일 오후 3시에 도서관 세미나실 405호에서 '한국 음악의 역사' 조 모임을 하겠습니다. 이번 모임에서는 지금까지 우리가 정리한 자료를 모아서 보고서를 쓰려고 합니다.
여러분은 모임 때까지 보고서에 쓸 내용을 생각해 보세요. 그리고 그동안 모은 자료를 정리해 가지고 오면 좋겠습니다. 못 오시는 분은 저에게 연락해 주세요.
그럼 모임에서 만납시다.

수업 이름	
과제 모임에서 할 일	
모임 전에 해야 할 일	
가지고 올 것	

보내기 미리보기 임시 저장

정리해 봅시다

EN Let's review JP まとめてみましょう CH 整理整理

조별 과제 모임에서 무슨 일을 할까요? 모임 전에 무엇을 준비해야 할까요? 무엇을 가지고 가야 할까요? 이야기해 보십시오.

EN What should happen at the group meeting for the class assignment? What should be prepared before the meeting? What do people need to bring to the meeting? Talk about it. JP グループ別課題の集まりでどんなことをするでしょうか。集まりの前に何を準備しなければならないでしょうか。何を持って行かなければならないでしょうか。話してみなさい。 CH 请谈一谈，分组课业沙龙中都做什么？聚会之前需要准备什么？需要带什么过去？

03 뒤풀이를 하는 이유를 알 것 같다

학/습/목/표 뒤풀이 소감을 쓸 수 있다.

EN Objective be able to write your impressions of an after-party
JP 学習目標 打ち上げの感想を書くことができる。
CH 学习目标 会写聚餐后的感想。

준비해 봅시다

EN Let's get ready JP 準備してみましょう CH 热身活动

01 읽고 관계있는 것을 연결하십시오.

EN Read and draw a line to what is related. JP 読んで関係があるものを線で結びなさい。 CH 读一读，连一连。

(가) 지난주 수요일에 합창 동아리에서 공연을 했다. 6개월 동안 준비한 공연이 잘 끝나서 정말 기뻤다. 공연이 끝난 후에 극장 근처에 있는 식당에 가서 뒤풀이를 했다.

(나) 친구들과 같이 공연과 동아리에 대해서 이야기를 했다. 공연을 준비할 때 많이 힘들었는데 이야기를 하니까 기분이 좋아졌다. 선배들과도 더 친해진 것 같았다. 한국 사람들이 힘든 일을 끝낸 후에 뒤풀이를 하는 이유를 알 것 같다.

(가) • • 뒤풀이에 간 날과 장소

(나) • • 뒤풀이에서 한 일

02 알맞은 대답에 ✓하십시오.

EN Put a check next to the right answer. JP 適切な答えに✓しなさい。 CH 请在正确的答案下面打勾。

(1) 무엇이 끝난 후에 뒤풀이를 합니까?

EN What do you do before an after-party? JP 何が終わった後に打ち上げをしますか。 CH 什么活动结束以后聚餐？

☐ 행사 ☐ 공연 ☐ 공부 ☐ 대회 ☐ 시험

(2) 뒤풀이에서 무엇을 합니까?

EN What do you do at an after-party? JP 打ち上げで何をしますか。 CH 聚餐都做什么？

☐ 식사를 하다 ☐ 노래를 부르다 ☐ 이야기를 하다

(3) 뒤풀이를 하면 어떻습니까?

EN How do you feel after an after-party? JP 打ち上げをしたらどうですか。 CH 你对聚餐怎么想？

☐ 즐겁다 ☐ 재미있다 ☐ 사람들과 더 친해지다

써 봅시다

EN Let's write JP 書いてみましょう CH 写一写

01 〈보기〉와 같이 쓰십시오.

EN Write as it is shown in the example. JP 〈例〉のように書きなさい。 CH 仿照范文，写一写。

1. 무슨 행사를 했습니까? 행사가 어땠습니까? 행사가 끝나고 어디에 갔습니까?

EN What kind of event did you have? How was the event? Where did you go after the event? JP 何の行事をしましたか。行事がどうでしたか。行事が終わってからどこに行きましたか。 CH 举办了什么活动？活动怎么样？活动结束以后，去了哪里？

공연이 잘 끝나다 / 중국집

〈보기〉
지난주 금요일에 댄스 동아리에서 공연을 했다. 3개월 동안 열심히 준비했는데 잘 끝나서 기뻤다. 공연이 끝나고 학교 근처에 있는 중국집에 가서 뒤풀이를 했다.

❶

우리 동아리가 이기다 / 한식집

❷

사람이 많이 오다 / 삼겹살집

2. 뒤풀이에서 무슨 이야기를 했습니까? 이야기를 하니까 어땠습니까?

EN What did you talk about at the after-party? How did it feel to talk about it? JP 打ち上げで何の話をしましたか。話をしたらどうでしたか。
CH 聚餐的时候，谈了些什么？谈完以后，觉得怎么样？

〈보기〉
선배들과 공연에 대해서 이야기를 했다. 공연을 준비할 때 춤이 어려워서 많이 힘들었다. 그런데 선배들과 이야기를 하니까 마음이 편해졌다. 앞으로는 춤을 더 잘 출 수 있을 것 같다.

❶

....

....

....

❷

....

....

....

02 〈보기〉와 같이 뒤풀이 소감을 쓰십시오.

EN Write your impressions about an after-party as it is shown in the example. JP 〈例〉のように打ち上げの感想を書きなさい。
CH 仿照范文，写一写聚餐后的感想。

행사	태권도 대회
뒤풀이 장소	학교 근처 식당
뒤풀이에서 한 이야기	태권도와 동아리 이야기
기분	마음이 편해지다 / 힘들어도 즐겁게 연습할 수 있을 것 같다

〈보기〉 지난주 금요일에 태권도 대회가 있었다. 대회를 위해서 오랫동안 연습했는데 이겨서 아주 기뻤다. 대회가 끝나고 학교 근처에 있는 식당으로 가서 뒤풀이를 했다. 선배, 친구들과 같이 태권도와 동아리에 대해서 이야기를 했다. 연습할 때는 태권도가 너무 어려워서 많이 힘들었다. 그런데 이야기를 하니까 마음이 편해졌다. 이제는 힘들어도 즐겁게 연습할 수 있을 것 같다. 한국 사람들이 힘든 일을 끝낸 후에 뒤풀이를 하는 이유를 알 것 같다.

행사	
뒤풀이 장소	
뒤풀이에서 한 이야기	
기분	

정리해 봅시다

EN Let's review JP まとめてみましょう CH 整理整理

여러분 나라에서도 행사가 끝난 후에 뒤풀이를 합니까? 뒤풀이에서 보통 무엇을 합니까? 이야기해 보십시오.

EN Do you also hold an after-party after an event in your country? What do you usually do at an after-party? Talk about it. JP みなさんの国でも行事が終わった後に打ち上げをしますか。打ち上げでふつう何をしますか。話してみなさい。 CH 请谈一谈，在你们的国家，某个活动结束以后也去聚餐吗？聚餐的时候一般都做什么？

제5과

쇼핑

01 홈쇼핑에서 운동복을 한 벌 샀습니다

02 근처에 중고 가전제품을 파는 시장이 있니?

03 다른 사람들이 쓰던 물건을 사고팔 수 있습니다

01 홈쇼핑에서 운동복을 한 벌 샀습니다

학/습/목/표 온라인 쇼핑의 좋은 점과 나쁜 점을 쓸 수 있다.

EN Objective be able to write about the good and bad points of online shopping
JP 学習目標 オンラインショッピングの利点と欠点を書くことができる。
CH 学习目标 会写网上购物的优缺点。

준비해 봅시다

EN Let's get ready JP 準備してみましょう CH 热身活动

01 읽고 관계있는 것을 연결하십시오.

EN Read and draw a line to what is related. JP 読んで関係があるものを線で結びなさい。 CH 读一读，连一连。

(가) 며칠 전에 홈쇼핑에서 운동복을 한 벌 샀습니다. 한 벌 가격으로 세 벌을 샀습니다. 같은 디자인이지만 다른 색깔로 세 벌이나 살 수 있었습니다. 주문을 끝내고 물건이 빨리 도착하기를 기다렸습니다.

(나) 다음 날 물건이 도착했습니다. 항상 입는 치수로 주문을 했는데 입어 보니까 옷이 좀 컸습니다. 색깔도 조금 다른 것 같았습니다. 직접 보지 않고 사니까 이런 일이 있는 것 같습니다. 다음부터는 꼭 입어 보고 사겠습니다.

(가) • • 홈쇼핑의 좋은 점

(나) • • 홈쇼핑의 나쁜 점

02 관계 있는 어휘를 〈보기〉에서 찾아 쓰십시오.

EN Find the related vocabulary from the example and write them. JP 関係がある語彙を〈語群〉から探して書きなさい。
CH 请在下列范文中找出相关词汇并把它写下来。

보기 신용 카드 현금 치수 색깔 주소 연락처

.... 주문	.... 택배	.... 계산

써 봅시다

EN Let's write JP 書いてみましょう CH 写一写

01 〈보기〉와 같이 쓰십시오.

EN Write as it is shown in the example. JP 〈例〉のように書きなさい。 CH 仿照范文，写一写。

1. 어디에서 무엇을 샀습니까? 무엇이 좋았습니까?

EN What did you buy and where did you buy it? What was good about it? JP どこで何を買いましたか。何がよかったですか。
CH 在哪儿买什么了？觉得什么东西比较好？

〈보기〉
인터넷에서 책상을 주문했습니다. 짧은 시간 동안 여러 책상을 구경할 수 있었습니다. 그리고 사고 싶을 때 주문할 수 있어서 편했습니다.

❶

❷

2. 무슨 문제가 생겼습니까?

EN What seems to be a problem? JP 何の問題が生じましたか。 CH 出了什么问题？

〈보기〉
다음 날 책상이 도착했습니다. 하지만 튼튼하지 않았습니다. 컴퓨터에서 본 것보다 크기도 작아서 마음에 들지 않았습니다. 다음부터는 직접 가서 고르겠습니다.

❶

❷

02 〈보기〉와 같이 온라인 쇼핑으로 물건을 샀을 때 좋은 점과 나쁜 점을 쓰십시오.

EN Write the pros and cons of purchasing something through online shopping as it is shown in the example. JP 〈例〉のようにオンラインショッピングで品物を買ったときの長所と短所を書きなさい。 CH 仿照范文，写一写网上购物的优缺点。

상품명	여행 가방
구입 방법	인터넷
장점	할인을 받다 / 서비스로 작은 배낭을 받다
생긴 문제	바퀴가 빠지다
단점	택배로 보내기가 힘들다

〈보기〉 두 달 전에 인터넷에서 여행 가방을 하나 샀습니다. 백화점은 가격도 비싸고 할인도 되지 않아서 인터넷에서 샀습니다. 할인도 받을 수 있고 서비스로 작은 배낭도 받을 수 있어서 좋았습니다.

그런데 며칠 전에 가방 바퀴가 빠졌습니다. 가방을 고치고 싶으면 택배로 보내야 합니다. 그런데 가방이 너무 커서 보내기가 힘들었습니다. 다음부터는 잘 알아보고 사겠습니다.

상품명	
구입 방법	
장점	
생긴 문제	
단점	

정리해 봅시다

EN Let's review JP まとめてみましょう CH 整理整理

여러분도 온라인 쇼핑을 합니까? 마음에 안 들면 어떻게 합니까? 교환을 하고 싶으면 어떻게 하겠습니까? 이야기해 보십시오.

EN Do you use online shopping? What do you do if you are unsatisfied? What would you do when you want to exchange an item? Talk about it.
JP みなさんもオンラインショッピングをしますか。気に入らなかったらどうしますか。交換をするならどうしますか。話してみなさい。
CH 请谈一谈，大家是否也在网上购物？如果不满意该怎么办？如果想交换该怎么做？

02 근처에 중고 가전제품을 파는 시장이 있니?

학/습/목/표 여러 시장에 대해서 문의하는 이메일을 쓸 수 있다.

EN Objective be able to write an email asking about different kinds of markets
JP 学習目標 いろいろな市場について問い合わせるメールを書くことができる。
CH 学习目标 会写一封询问各种市场的邮件。

준비해 봅시다

EN Let's get ready JP 準備してみましょう CH 热身活动

01 읽고 관계있는 것을 연결하십시오.

EN Read and draw a line to what is related. JP 読んで関係があるものを線で結びなさい。 CH 读一读，连一连。

보내기 | 미리보기 | 임시 저장

미선아, 잘 지냈니? 나 리에야.
한 가지 부탁이 있어서 메일을 보낸다.

(가) 나는 한국에 온 지 얼마 안 돼서 필요한 게 너무 많아. 텔레비전하고 냉장고를 사고 싶어. 휴대전화로 뉴스를 보니까 눈이 아파서 큰 텔레비전으로 보고 싶어. 그리고 날씨가 더워지는데 냉장고가 없기 때문에 불편해.

(나) 우리 학교 근처에 중고 가전제품을 파는 시장이 있니? 어디에 있어? 알고 싶어. 그리고 그 곳에서는 물건을 직접 집으로 배달해 줄까? 값은 새 물건보다 많이 싸니?

여러 가지 물어봐서 미안해. 그럼 알아보고 연락해 줘.

(가) • • 사고 싶은 물건

(나) • • 시장에 대한 질문

02 〈보기〉에서 관계있는 어휘를 찾아 쓰십시오.

EN Find the related vocabulary from the example and write them. JP 〈語群〉から関係がある語彙を探して書きなさい。
CH 在范文中找出相关词汇，并把它写下来。

보기 가구 단지 꽃시장 수입품 시장 전자 상가 중고품 시장

( ) ( ) ( ) ( ) ( )

써 봅시다

EN Let's write JP 書いてみましょう CH 写一写

01 〈보기〉와 같이 쓰십시오.

EN Write as it is shown in the example. JP 〈例〉のように書きなさい。 CH 仿照范文，写一写。

1. 한국에서 생활할 때 무엇이 불편합니까? 무엇이 필요합니까?

EN What are some inconveniences about living in Korea? What do you need? JP 韓国で生活するとき何が不便ですか。何が必要ですか。
CH 在韩国生活，觉得什么地方不方便？需要什么？

원룸으로 이사
음식을 혼자서 만들다
밥솥 / 전자레인지

〈보기〉
지난주에 하숙집에서 원룸으로 이사했어. 이제는 혼자서 음식을 만들어서 먹어야 해. 그런데 집에 밥솥도 없고 전자레인지도 없어서 사려고 해.

❶
새 학기 시작
책을 많이 사다
책을 놓을 곳이 없다
책상 / 책장

❷
한국 생활 1년
고향 음식이 먹고 싶다
우리나라 음식 재료가 없다
양고기 / 샤브샤브 소스

2. 무슨 시장에 가고 싶습니까? 무엇을 알고 싶습니까?

EN Which market would you like to go to? What would you like to know? JP 何の市場に行きたいですか。何を知りたいですか。
CH 想去什么市场？想知道什么？

〈보기〉
전자 상가에 가고 싶어. 전자 상가가 어디에 있니? 그리고 어떤 회사 물건이 좋아? 몇 시까지 문을 열까?

❶

❷

02 〈보기〉와 같이 시장에 대해서 물어보는 이메일을 쓰십시오.

EN Write an email asking questions about the market as it is shown in the example.

JP 〈例〉のように市場について尋ねるメールを書きなさい。 CH 仿照范文，写一封询问市场的邮件。

불편한 것	동네 꽃집의 꽃값이 비싸다
사고 싶은 것	꽃
친구에게 물어보고 싶은 것	어디에 있을까? 꽃가게보다 쌀까? 꽃을 조금만 사도 될까?

보내기 | 미리보기 | 임시 저장

〈보기〉 은영아, 그동안 잘 지냈니?

아르바이트도 하고 공부도 하기 때문에 요즘 많이 바쁘지? 물어볼 게 있어서 연락했어.

이번 주말이 여자 친구 생일이어서 꽃다발을 선물하고 싶어. 그런데 우리 동네 꽃집은 꽃값이 너무 비싸서 꽃시장에 가고 싶어.

너는 꽃시장에 가 본 적이 있니? 꽃시장은 어디에 있니? 꽃시장은 꽃가게보다 값이 얼마나 더 싸니? 네가 아는 곳이 있으면 소개해 줄래?

여러 가지 물어 봐서 미안해. 그럼 알아보고 연락해 줘.

불편한 것	
사고 싶은 것	
친구에게 물어보고 싶은 것	

보내기 미리보기 임시 저장

정리해 봅시다

EN Let's review JP まとめてみましょう CH 整理整理

한국 생활에서 무엇이 필요합니까? 그것을 사고 싶으면 어디에 가야 합니까? 어디에서 사는 것이 쌉니까? 어디에서 사는 것이 편리합니까? 이야기해 보십시오.

EN What do you need while living in Korea? Where do you need to go in order to buy that item? Where can you go to buy it at a cheap price? Where is the most convenient place you can go to buy it? Talk about it.
JP 韓国の生活で何が必要ですか。それを買うならどこに行かなければなりませんか。どこで買うのが安いですか。どこで買うのが便利ですか。話してみなさい。
CH 请谈一谈，在韩国生活，需要什么？如果想买，应该去哪里？在哪儿买比较便宜？在哪儿买比较方便？

03 다른 사람들이 쓰던 물건을 사고팔 수 있습니다

학/습/목/표 벼룩시장을 소개하는 글을 쓸 수 있다.

EN Objective be able to write an introduction about the flea market
JP 学習目標 フリーマーケットを紹介する文を書くことができる。
CH 学习目标 会介绍跳蚤市场。

준비해 봅시다

EN Let's get ready JP 準備してみましょう CH 热身活动

01 읽고 관계있는 것을 연결하십시오.

EN Read and draw a line to what is related. JP 読んで関係があるものを線で結びなさい。 CH 读一读，连一连。

(가) '송도 굿마켓'에 대해서 들어본 적이 있습니까? '송도 굿마켓'은 인천에서 제일 큰 벼룩시장입니다. 여기에서는 자기가 쓰던 물건이나 다른 사람들이 쓰던 물건을 사고팔 수 있습니다. 그리고 물건을 팔아서 모은 돈으로 어려운 사람들을 도와 줄 수도 있습니다.

(나) '송도 굿마켓'은 중앙공원에서 한 달에 한 번 열립니다. 인천에 사는 사람들은 신청을 하면 누구든지 여기에서 물건을 팔 수 있습니다. 신청은 인터넷 홈페이지(www.goodmarket.com)에서 하십시오. '송도 굿마켓'에 대해서 더 알고 싶으면 지금 홈페이지에 들어가 보세요.

(가) •
(나) •

• 시장의 좋은 점
• 시장의 성격
• 장소
• 날짜

02 <보기>에서 벼룩시장에서 볼 수 있는 것을 빈칸에 찾아 쓰십시오.

EN Look at the example and write the names of the things you would see in the flea market. JP <語群>からフリーマーケットで見られるものを探して空欄に書きなさい。 CH 在范文中哪些是可在跳蚤市场上看到的？试着把它找出来，并写在括号里。

보기

헌 물건	새 물건	재활용품	기증품
신제품	일회용품	쓰레기	중고품

써 봅시다

EN Let's write JP 書いてみましょう CH 写一写

01 〈보기〉와 같이 쓰십시오.

EN Write as it is shown in the example. JP 〈例〉のように書きなさい。 CH 仿照范文，写一写。

1. 어떤 시장입니까? 어떤 물건을 사고팝니까? 또 시장에서 무엇을 할 수 있습니까?

EN What kind of market is it? What kinds of items do they buy and sell? What else can you do at the market? JP どんな市場ですか。どんな品物を売買しますか。また市場で何ができますか。 CH 这是什么市场？买卖什么东西？在这个市场上还可以做什么？

'광화문 외국인 벼룩시장'
고향에서 쓰던 물건 / 한국에서 필요한 물건
고향 음식을 먹다

〈보기〉
'광화문 외국인 벼룩시장'은 외국인들이 가장 많이 오는 벼룩시장입니다. 여기에서는 외국인들이 고향에서 쓰던 물건이나 한국에서 필요한 물건을 사고팔 수 있습니다. 그리고 그들의 고향 음식도 먹을 수 있습니다.

❶

'뚝섬 나눔 장터'
자신이 쓰던 물건 / 다른 사람들이 쓰던 물건
물건을 기증하다

❷

'해운대 벼룩시장'
자신이 쓰던 물건 / 직접 만든 물건
공연을 보다

2. 언제 어디에서 모입니까? 누가 할 수 있습니까? 어떻게 신청하면 됩니까?

EN When and where do they gather? Who can do it? How can you sign up?
JP いつどこで集まりますか。誰が参加できますか。どのように申請したらいいですか。 CH 什么时候在哪儿集合?谁可以做? 怎么申请?

〈보기〉
광화문 광장에서 셋째 주 일요일에 모입니다. 서울에 사는 외국인들이 같이 할 수 있습니다. 신청서를 이메일로 보내 주십시오.

❶

❷

02 〈보기〉와 같이 고향에 있는 벼룩시장을 소개하는 글을 쓰십시오.

EN Write an introduction about a flea market in your hometown as it is shown in the example. JP 〈例〉のように故郷にあるフリーマーケットを紹介する文を書きなさい。 CH 仿照范文，写一篇介绍故乡跳蚤市场的短文。

시장의 이름	문화회관 벼룩시장
시장의 성격	사람이 많다
하는 일	쓰던 물건 사고팔기 / 재활용품으로 새 물건 만들기
시간과 장소, 사람	문화회관 광장 / 둘째 주와 넷째 주 / 누구든지
신청 방법	홈페이지

〈보기〉 '문화회관 벼룩시장'은 한국에서 제일 많은 사람들이 모이는 벼룩시장입니다. 자신이 쓰던 물건이나 다른 사람들이 쓰던 물건을 사고팔 수 있습니다. 그리고 재활용품을 가지고 새 물건을 만들 수도 있습니다.
'문화회관 벼룩시장'은 문화회관 광장에서 둘째 주와 넷째 주에 모입니다. 물건을 팔고 싶은 사람들은 신청을 하면 같이 할 수 있습니다. 신청은 인터넷 홈페이지(www.munwhamarket.com)에서 하십시오. '문화회관 벼룩시장'에 대해서 더 알고 싶으면 지금 홈페이지에 한번 들어가 보십시오.

시장의 이름	
시장의 성격	
하는 일	
시간과 장소, 사람	
신청 방법	

정리해 봅시다

EN Let's review JP まとめてみましょう CH 整理整理

벼룩시장에서 물건을 산 적이 있습니까? 어떤 물건을 샀습니까? 왜 그 물건을 샀습니까? 이야기해 보십시오.

EN Have you ever bought something from the flea market? What did you buy? Why did you buy it? Talk about it.
JP フリーマーケットで品物を買ったことがありますか。どんな品物を買いましたか。なぜその品物を買いましたか。話してみなさい。
CH 请谈一谈，你是否在跳蚤市场上买过东西？买了什么东西？为什么买？

제6과

건강

01 음식으로도 건강을 지킬 수 있다고 답했습니다

02 매일 조금씩 운동을 해야 합니다

03 따뜻한 물을 자주 마시라고 했다

01 음식으로도 건강을 지킬 수 있다고 답했습니다

학/습/목/표 건강을 위한 식사 습관을 소개하는 글을 쓸 수 있다.

EN Objective be able to write an introduction about an eating habit for good heath
JP 学習目標 健康のための食習慣を紹介する文を書くことができる。
CH 学习目标 会介绍健康的饮食习惯。

준비해 봅시다

EN Let's get ready JP 準備してみましょう CH 热身活动

01 읽고 관계있는 것을 연결하십시오.

EN Read and draw a line to what is related. JP 読んで関係があるものを線で結びなさい。 CH 读一读，连一连。

저는 음식과 건강의 관계에 대해서 조사했습니다. 조사에 참여한 유학생들은 모두 음식으로도 건강을 지킬 수 있다고 답했습니다. 학생들이 이야기한 것 중에서 하나를 소개하겠습니다.

(가) 일본에서 온 미즈키 씨는 요즘 살이 쪄서 걱정입니다. 아침은 안 먹고 밤에는 간식을 많이 먹기 때문에 살이 찐 것 같습니다.

(나) 그래서 요즘은 일찍 일어나서 아침 식사로 과일 주스나 채소 주스를 마신다고 합니다. 인스턴트 음식과 기름이 많은 간식도 안 먹으려고 노력하니까 건강도 많이 좋아졌다고 합니다.

한국대학교 외국인 대학생 기자단 기자 리에

(가) • • 건강을 위한 노력

(나) • • 건강에 대한 고민

02 내용에 맞는 단어를 〈보기〉에서 찾아 쓰십시오.

EN Find the related vocabulary from the example and write them. JP 関係がある語彙を〈語群〉から探して書きなさい。
CH 在范文中找出相关词汇，并把它写下来。

보기 육류 채소류 과일류 생선류 인스턴트 음식

( )

( )

( )

( )

써 봅시다

EN Let's write JP 書いてみましょう CH 写一写

01 〈보기〉와 같이 쓰십시오.

EN Write as it is shown in the example. JP 〈例〉のように書きなさい。 CH 仿照范文，写一写。

1. 어디가 자주 아픕니까?

EN Where do you often feel pain? JP よくどこの具合が悪いですか。 CH 哪里经常不舒服?

왕가휘(중국 / 학원강사)

〈보기〉
중국에서 온 왕가휘 씨는 학원에서 중국어를 가르치고 있습니다. 하루 종일 말을 많이 하기 때문에 목이 자주 붓고 아프다고 합니다.

❶

파브르(프랑스 / 대학생)

....

....

....

❷

칸(몽골 / 대학원생)

....

....

....

2. 건강을 지키기 위해서 어떻게 하고 있습니까?

EN What are you doing to maintain your health? JP 健康を守るためにどうしていますか。 CH 怎么维护身体健康?

〈보기〉
그래서 요즘은 목이 아플 때마다 따뜻한 물을 자주 마신다고 합니다. 배를 삶아서 꿀하고 같이 마신다고 합니다. 차가운 음식도 먹지 않으려고 노력하니까 많이 좋아졌다고 합니다.

❶

❷

02 〈보기〉와 같이 친구들의 식사 습관을 소개하는 글을 쓰십시오.

EN Write an introduction about the eating habits of the friends as it is shown in the example. JP〈例〉のように友達の食習慣を紹介する文を書きなさい。 CH 仿照范文，写一篇介绍朋友们饮食习惯的短文。

이름(국적)	미키(미국)
건강 문제	밤에 잠을 못 자다 / 피곤하다
건강 관리법	따뜻한 우유나 차를 마시다

〈보기〉 미국에서 온 미키 씨는 요즘 시험과 발표 스트레스 때문에 밤에 잠을 잘 못 잔다고 합니다. 잠을 못 자니까 학교에 오면 피곤하고 선생님 이야기도 잘 들을 수 없다고 합니다.

자기 전에 따뜻한 물로 샤워를 하고 따뜻한 우유나 차를 마신다고 합니다. 스트레스도 줄이려고 노력하니까 조금씩 좋아지고 있다고 합니다. 미키 씨 건강이 빨리 좋아졌으면 합니다.

한국대학교 외국인 대학생 기자단 기자 팅팅

이름(국적)	
건강 문제	
건강 관리법	

정리해 봅시다

EN Let's review JP まとめてみましょう CH 整理整理

여러분의 건강은 어떻습니까? 불편한 곳이 있습니까? 건강을 위해서 무슨 음식을 먹고 있습니까? 이야기해 보십시오.

EN How is your health? Do you have any discomfort anywhere? What kinds of foods are you eating for your health? Talk about it.
JP みなさんの健康はどうですか。具合の悪いところがありますか。健康のために何を食べていますか。話してみなさい。
CH 请谈一谈，大家的身体怎么样？有没有不舒服的地方？为了健康，在吃什么东西？

02 매일 조금씩 운동을 해야 합니다

학/습/목/표 건강 관리 방법에 대한 칼럼을 쓸 수 있다.

EN Objective be able to write a column about how to take care of your health
JP 学習目標 健康管理の方法についてのコラムを書くことができる。
CH 学习目标 会写保健专栏。

준비해 봅시다

EN Let's get ready JP 準備してみましょう CH 热身活动

01 읽고 관계있는 것을 연결하십시오.

EN Read and draw a line to what is related. JP 読んで関係があるものを線で結びなさい。 CH 读一读，连一连。

(가) 요즘 날씨가 많이 덥지요?
날씨가 더우면 음식도 잘 먹지 않고 운동도 하지 않아서 건강이 나빠집니다. 또 에어컨을 계속 켜고 있어서 감기에 걸리는 사람도 많습니다.
그러면 여름에 건강하게 지내기 위해서 어떻게 하면 좋을까요?

(나) 첫째, 에어컨을 오래 켜지 말아야 합니다.
둘째, 물을 많이 마시거나 과일을 많이 먹는 것이 좋습니다.
셋째, 찬 음식을 많이 먹지 말아야 합니다.

(가) • • 건강하게 지내는 방법

(나) • • 날씨와 건강

02 〈보기〉에서 관계있는 어휘를 찾아 쓰십시오.

EN Find the related vocabulary from the example and write them. JP 〈語群〉から関係がある語彙を探して書きなさい。
CH 请在范文中找出对应的词汇，并把它写下来。

보기

기침이 나다	설사를 하다	열이 나다
콧물이 나다	토하다	소화가 안 되다

감기

배탈

써 봅시다

EN Let's write JP 書いてみましょう CH 写一写

01 〈보기〉와 같이 쓰십시오.

EN Write as it is shown in the example. JP 〈例〉のように書きなさい。 CH 仿照范文，写一写。

1. 요즘 어느 계절입니까? 날씨가 어떻습니까? 어디가 자주 아픕니까?

EN What season is it these days? How is the weather? Where do you often feel pain? JP 最近の季節は何ですか。天気がどうですか。よくどこの具合が悪いですか。 CH 最近是什么季节？天气怎么样？哪里经常不舒服？

환절기 / 날씨가 자주 바뀌다 / 감기에 걸리다

〈보기〉
요즘은 환절기입니다. 낮에는 덥고 아침과 저녁에는 추워요. 그래서 감기에 걸리는 사람이 많습니다.
환절기에 건강하게 지내기 위해서 어떻게 하면 좋을까요?

❶

겨울철 / 눈이 많이 오다 / 다리를 다치다

❷

여름철 / 날씨가 덥다 / 배탈이 나다

2. 무엇을 조심해야 합니까? 건강하게 지내기 위해서 어떻게 하면 좋을까요?

EN What should you be careful of? What do you need to do to stay healthy? JP 何を気をつけなければなりませんか。健康に過ごすためにどうしなければなりませんか。 CH 需要注意什么？为了健康，需要怎么做？

〈보기〉

첫째, 따뜻한 옷을 준비해서 추우면 입어야 합니다.
둘째, 매일 운동을 하는 것이 좋습니다.
셋째, 몸이 피곤해지니까 채소와 과일을 많이 먹어야 합니다.

❶

❷

02 〈보기〉와 같이 요즘 여러분이 건강하게 지내기 위해서 해야 할 것을 쓰십시오.

EN Write about what you need to do to stay healthy as it is shown in the example. JP 〈例〉のように最近みなさんが健康に過ごすためにしなければならないことを書きなさい。 CH 仿照范文，写一写最近为了健康，都需要做些什么？

요즘 계절 / 날씨	봄철 / 낮에는 따뜻하고 저녁에는 춥다
증상	콧물 / 기침
건강하게 지내기 위해서 할 것	물을 자주 마시다 매일 걷거나 운동을 하다 집에 돌아와서 손을 깨끗하게 씻다

〈보기〉 요즘은 봄철이어서 낮에는 따뜻하고 저녁에는 날씨가 춥습니다. 그리고 꽃가루가 많아서 콧물이나 기침이 날 때도 있습니다. 그러면 봄철에 건강하게 지내기 위해서 어떻게 하면 좋을까요?
첫째, 물을 자주 마셔야 합니다.
둘째, 매일 걷거나 운동을 하는 것이 좋습니다.
셋째, 집에 돌아와서 손을 깨끗하게 씻어야 합니다.

요즘 계절 / 날씨	
증상	
건강하게 지내기 위해서 할 것	

정리해 봅시다

EN Let's review JP まとめてみましょう CH 整理整理

요즘 날씨가 어떻습니까? 여러분은 요즘 얼마나 자주 운동합니까? 건강을 위해서 무엇을 합니까? 이야기해 보십시오. EN How is the weather these days? How often do you exercise? What do you do for your health? Talk about it.
JP 最近の天気はどうですか。みなさんは最近どれだけよく運動しますか。健康のために何をしますか。話してみなさい。
CH 请谈一谈，最近天气怎么样？最近大家是否经常运动？为了健康，在做些什么？

03 따뜻한 물을 자주 마시라고 했다

학/습/목/표 병원에 갔던 일을 글로 쓸 수 있다.

EN Objective be able to write about a time you went to the hospital
JP 学習目標 病院に行った経験を文で書くことができる。
CH 学习目标 会写去医院的经历。

준비해 봅시다

EN Let's get ready JP 準備してみましょう CH 热身活动

01 읽고 질문에 답하십시오.

EN Read and answer the questions. JP 読んで質問に答えなさい。 CH 读一读，回答问题。

지난 겨울에 감기에 걸려서 많이 아팠던 적이 있다. 약을 먹었지만 괜찮아지지 않아서 병원에 갔다. 친구가 내과에 가라고 했다. 그래서 동네에 있는 작은 병원에 갔다. 병원에 사람이 많아서 20분쯤 기다렸다.

의사 선생님은 약을 3일 동안 먹어야 한다고 했다. 그리고 따뜻한 물을 자주 마시라고 했다. 나는 다시 와야 하냐고 물었다. 의사는 아프지 않으면 오지 않아도 된다고 했다. 20분이나 기다려서 힘들었지만 의사 선생님은 아주 친절하셨다.

1. 어느 병원에 갔습니까? 왜 그 병원에 갔습니까?

EN Which hospital did you go to? Why did you go to that one? JP どこの病院へ行きましたか。なぜその病院に行きましたか。
CH 去了哪家医院？为什么决定去那家医院？

2. 의사가 뭐라고 했습니까?

EN What did the doctor say? JP 医者が何といいましたか。 CH 医生说了些什么？

02 아픈 곳과 병원을 연결해 보십시오.

EN Connect the sickness to the matching hospital. JP 具合の悪い所と病院を線で結んでみなさい。 CH 用线连接疾病症状和对应的医院。

목이 붓다 •	• 치과
눈이 빨개지다 •	• 안과
열이 나고 머리가 아프다 •	• 외과
다리를 다치다 •	• 내과
이가 아프다 •	• 이비인후과

써 봅시다

EN Let's write JP 書いてみましょう CH 写一写

01 〈보기〉와 같이 쓰십시오.

EN Write as it is shown in the example. JP 〈例〉のように書きなさい。 CH 仿照范文，写一写。

1. 언제 어디가 아팠습니까? 어느 병원에 갔습니까? 얼마나 기다렸습니까?

EN When and where have you been in pain? Which hospital did you visit? How long did you wait? JP いつどこの具合が悪かったですか。どこの病院に行きましたか。どれくらい待ちましたか。 CH 什么时候哪里不舒服？去了哪家医院？等了多长时间？

〈보기〉

지난 여름에 목이 부어서 많이 아팠던 적이 있다. 친구가 이비인후과에 가 보라고 했다. 그래서 학교 근처에 있는 병원에 갔다. 사람이 많지 않아서 5분쯤 후에 의사를 만났다.

❶

❷

2. 의사가 뭐라고 했습니까?

EN What did the doctor say? JP 医者が何といいましたか。 CH 医生说了些什么?

〈보기〉

의사가 약을 2일 동안 먹으라고 했다. 나는 병원에 언제 다시 와야 하냐고 물었다. 약을 먹고 낫지 않으면 다시 병원에 오라고 했다. 그리고 따뜻한 물을 많이 마시라고 했다.

❶

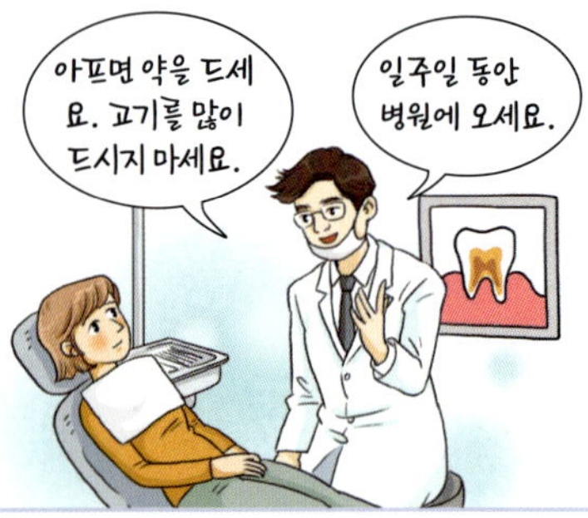

....

....

....

....

❷

....

....

....

....

02 〈보기〉와 같이 병원에 갔던 경험을 쓰십시오.

EN Write about an experience you had in the hospital as it is shown in the example. JP 〈例〉のように病院に行った経験を書きなさい。
CH 仿照范文, 写一写去医院的经历。

아팠던 곳	설사를 하다 / 토하다
갔던 병원	내과
의사의 말	"하루에 세 번 약을 드세요." "밥을 드시지 말고 죽을 드세요." "설사를 하지 않으면 밥을 먹어도 돼요."

〈보기〉 작년 봄에 음식을 잘못 먹어서 배탈이 난 적이 있다. 설사도 하고 토하기도 했다. 친구가 내과에 가라고 했다. 그래서 정류장 근처에 있는 병원에 갔다. 주말이어서 사람이 많았기 때문에 30분쯤 기다렸다.

의사 선생님은 하루에 세 번 약을 먹으라고 했다. 그리고 밥을 먹지 말고 죽을 먹으라고 했다. 나는 언제부터 밥을 먹을 수 있냐고 물었다. 의사는 설사를 하지 않으면 밥을 먹어도 된다고 했다. 사람이 많아서 오래 기다렸지만 의사 선생님은 아주 친절하셨다.

아팠던 곳	
갔던 병원	
의사의 말	

정리해 봅시다

EN Let's review JP まとめてみましょう CH 整理整理

한국에서 병원에 가 본 적이 있습니까? 의사가 뭐라고 했습니까? 한국의 병원은 여러분 고향의 병원과 무엇이 다릅니까? 이야기해 보십시오.

EN Have you ever visited the hospital in Korea? What did the doctor say? How is the hospital in Korea different from that of your home country? Talk about it. JP 韓国で病院に行ったことがありますか。医者が何といいましたか。韓国の病院はみなさんの故郷の病院と何が異なりますか。話してみなさい。
CH 请谈一谈，在韩国是否去过医院？医生对你说什么了？跟故乡的医院相比，韩国医院有什么不同？

제 7 과

인터넷

01 얼굴을 보고 이야기할 수 있어서 좋습니다

02 인터넷 강의를 처음 신청했습니다

03 공부할 때 모르는 것이 있으면 인터넷 사전을 이용한다

01 얼굴을 보고 이야기할 수 있어서 좋습니다

학/습/목/표 인터넷으로 하는 일의 장단점을 비교하는 글을 쓸 수 있다.

EN Objective be able to write a comparison of the pros and cons of working through the internet
JP 学習目標 インターネットですることの長所·短所を比較する文を書くことができる。
CH 学习目标 会比较利用网络做某事的优缺点。

준비해 봅시다

EN Let's get ready JP 準備してみましょう CH 热身活动

01 읽고 관계있는 것을 연결하십시오.

EN Read and draw a line to what is related. JP 読んで関係があるものを線で結びなさい。 CH 读一读，连一连。

(가) 저는 날마다 인터넷으로 고향에 계신 부모님과 화상 통화를 합니다. 인터넷 전화는 무료이기 때문에 이야기를 더 많이 할 수 있습니다. 그리고 얼굴을 보고 이야기할 수 있어서 좋습니다.

(나) 하지만 인터넷 전화가 불편할 때도 있습니다. 무료이기는 하지만 부모님과 같은 시간에 인터넷을 해야 합니다. 부모님이 바쁘셔서 인터넷을 못하실 때는 일반 전화로 해야 합니다. 그리고 인터넷이 느리면 이야기가 잘 안 들릴 때도 있습니다. 하지만 저는 인터넷 전화가 무료이고 얼굴도 볼 수 있어서 자주 씁니다.

(가) • • 인터넷 전화의 단점

(나) • • 인터넷 전화의 장점

02 다음을 보고 〈보기〉에서 알맞은 단어를 찾아 쓰십시오.

EN Find the right words from the example and write them. JP 次の内容を見て〈語群〉から適当な単語を探して書きなさい。
CH 在范文中找出合适的词汇，并把它写下来。

보기

인터넷 전화 인터넷 예매 인터넷 게임
인터넷 뱅킹 인터넷 영화 사회관계망서비스(SNS)

- 돈을 안 내도 된다
- 얼굴을 보고 이야기할 수 있다
- 인터넷이 느리면 잘 안 들린다

- 표를 사려고 줄을 서지 않는다
- 자리를 고를 수 있다
- 외국인은 회원 가입이 불편하다

- 친구와 만나지 않아도 소식을 알 수 있다
- 정보를 쉽고 빠르게 볼 수 있다
- 틀린 정보도 많다

- 심심할 때 시간이 빨리 간다
- 친구가 없어도 할 수 있다
- 너무 많이 하면 건강이 안 좋아진다

써 봅시다

EN Let's write JP 書いてみましょう CH 写一写

01 〈보기〉와 같이 쓰십시오.

EN Write as it is shown in the example. JP 〈例〉のように書きなさい。 CH 仿照范文，写一写。

1. 인터넷으로 무엇을 자주 합니까? 어떤 것이 좋습니까?

EN What do you usually do with the internet? What are the good points of using the internet?
JP インターネットでよく何をしますか。どんなことがよいですか。 CH 上网经常做什么？什么是好的？

〈인터넷 게임〉 혼자서 할 수 있다 / 시간이 빨리 가다	**〈보기〉** 저는 인터넷으로 게임을 자주 합니다. 인터넷 게임은 온라인에서 친구를 만나기 때문에 혼자서도 할 수 있습니다. 그리고 심심할 때 게임을 하면 시간도 잘 갑니다.
❶ 〈사회관계망서비스(SNS)〉 정보를 쉽고 빠르게 보다 / 만나지 않아도 소식을 알다	
❷ 〈인터넷 영화〉 극장에 직접 가지 않다 / 보고 싶은 시간에 보다	

2. 어떤 것이 좋지 않습니까? 그래서 어떻게 하려고 합니까?

EN What are some things that are not good about using the internet? What will you do about it?
JP どんなことがよくないですか。それでどうしようとしますか。 CH 什么是不好的？打算怎么做？

해야 할 일을 안 하다 / 건강이 안 좋아지다	**〈보기〉** 하지만 인터넷 게임은 단점도 있습니다. 시간이 빨리 가기는 하지만 너무 많이 하면 해야 할 일을 안 할 수도 있습니다. 그리고 눈이 나빠지고 살이 쪄서 건강이 안 좋아질 수도 있습니다. 그래서 저는 요즘 게임을 조금만 하려고 합니다.

❶ 정확하지 않은 정보가 많다 / ______________ ______________

....
....
....
....

❷ 한국 사이트에 가입하기가 불편하다 / ________ ______________

....
....
....
....

02 〈보기〉와 같이 인터넷으로 하는 일의 장점과 단점을 쓰십시오.

EN Write about the pros and cons of working through the internet as it is shown in the example. JP 〈例〉のようにインターネットですることの長所と短所を書きなさい。 CH 仿照范文，写一写利用网络做某事的优缺点。

인터넷으로 하는 일	인터넷 예매
장점	극장에서 줄을 서지 않아도 된다 자리를 고를 수 있다
단점	회원 가입하기가 어렵다 ID를 잊어버리면 불편하다

〈보기〉 저는 영화를 보러 극장에 갈 때 자주 인터넷으로 예매를 합니다. 집에서 표를 사기 때문에 극장에서 표를 사려고 줄을 서지 않아도 됩니다. 그리고 자리도 고를 수 있어서 좋습니다.

하지만 인터넷 예매는 극장에서 표를 사는 것보다 불편합니다. 외국인들은 한국 극장 사이트의 회원 가입이 조금 어렵습니다. 그리고 자리를 고를 수 있기는 하지만 ID를 잊어버렸을 때 조금 불편합니다. 하지만 저는 인터넷 예매가 편리하고 자리도 고를 수 있어서 인터넷 예매를 자주 이용합니다.

인터넷으로 하는 일	
장점	
단점	

정리해 봅시다

EN Let's review JP まとめてみましょう CH 整理整理

여러분은 인터넷으로 무엇을 자주 합니까? 어떤 일을 인터넷으로 할 수 있었으면 좋겠습니까? 이야기해 보십시오. EN What do you usually do while on the internet? What kinds of things would you like to be able to do on the internet? Talk about it. JP みなさんはインターネットでよく何をしますか。どんなことがインターネットでできたらいいですか。話してみなさい。 CH 请请谈一谈，大家上网经常做什么？希望在网上还可以做一些什么事情？

02 인터넷 강의를 처음 신청했습니다

학/습/목/표 인터넷 강의의 장점과 단점을 설명하는 글을 쓸 수 있다.

EN Objective be able to write an explanation of the pros and cons of internet lectures
JP 学習目標 インターネット講義の長所と短所を説明する文を書くことができる。
CH 学习目标 会说明网络课程的优缺点。

준비해 봅시다

EN Let's get ready JP 準備してみましょう CH 热身活动

01 무슨 이야기가 있습니까? ✓ 표시하십시오.

EN What are they talking about? Mark the right answer. JP 何の話がありますか。表示しなさい。 CH 有哪些内容? 请标记一下。

스페인어를 배우고 싶은데 배울 시간이 없어서 걱정을 하고 있었습니다. 며칠 전 같은 과 친구가 스페인어를 배울 수 있는 인터넷 강의를 알려 주었습니다. 집에서 외국어를 배운다고 생각하니까 걱정이 되기는 했지만 재미있을 것 같았습니다.

학원에 가지 않고 집에서 하니까 편했습니다. 그리고 제가 하고 싶은 시간에 공부할 수 있는 것도 좋았습니다. 하지만 피곤할 때는 그날 공부해야 할 과제를 안 할 때가 많았습니다. 선생님이 옆에 안 계시니까 그런 것 같습니다.

- ☐ 인터넷 강의를 신청한 이유
- ☐ 인터넷 강의의 단점
- ☐ 인터넷 강의에 필요한 것
- ☐ 인터넷 강의의 수강료
- ☐ 인터넷 강의 시간
- ☐ 인터넷 강의의 장점

02 내용에 맞는 단어를 〈보기〉에서 찾아 쓰십시오.

EN Find the words from the example that match the content and write them. JP 内容に合う単語を<語群>から探して書きなさい。
CH 在范文中找出符合内容的词汇, 并把它写下来。

보기: 수강 과목 수강 기간 수강료 문의 전화 결제 방법

....	• 영어 • 중국어 • 일본어 • 러시아어
....	• 1개월 • 3개월 • 6개월 • 12개월
....	• 현금 • 카드
....	• 080 – 123 – 4567
....	• 50,000원(1개월) • 140,000(3개월) • 250,000원(6개월) • 450,000원(12개월)

써 봅시다

EN Let's write JP 書いてみましょう CH 写一写

01 〈보기〉와 같이 쓰십시오.

EN Write as it is shown in the example. JP 〈例〉のように書きなさい。 CH 仿照范文，写一写。

1. 인터넷으로 무슨 강의를 듣고 싶습니까? 어떻게 신청하게 됐습니까?

EN What kinds of lectures would you like to listen to on the internet? What made you want to register for them? JP インターネットで何の講義を聞きたいですか。どうして申請することになりましたか。 CH 想在网上听什么课程？怎么申请的？

〈보기〉
한국 요리를 배우고 싶은데 수강료가 비싸서 걱정을 하고 있었습니다. 그때 고향 친구가 한국 요리를 배울 수 있는 인터넷 강의를 소개해 주었습니다.

❶

....

....

....

❷

....

....

....

2. 인터넷 강의의 장점은 무엇입니까? 단점은 무엇입니까?

EN What are the strengths of internet lectures? What are the weaknesses? JP インターネット講義の長所は何ですか。短所は何ですか。
CH 网络课程的优点是什么？缺点是什么？

〈보기〉
학원비도 비싸지 않고 집에 있는 재료를 이용할 수 있어서 좋았습니다. 하지만 알고 싶은 것을 바로 질문할 수 없고 대답도 바로 들을 수 없어서 좀 불편했습니다.

❶

❷

02 〈보기〉와 같이 인터넷 강의의 장점과 단점을 설명하는 글을 쓰십시오.

EN Write an explanation of the strengths and weaknesses of internet lectures as it is shown in the example. JP 〈例〉のようにインターネット講義の長所と短所を説明する文を書きなさい。 CH 仿照范文，写一篇说明网络课程之优缺点的短文。

수강 과목	요가
신청 이유	집 근처에 학원이 없다 / 선배가 소개하다
장점	어디에서든지 배울 수 있다 / 어려운 부분은 여러 번 듣다
단점	혼자 하니까 심심하다 / 도와 줄 선생님이 없다

〈보기〉 한국에 와서 요가를 꼭 배우고 싶었지만 집 근처에 학원이 없어서 걱정을 하고 있었습니다. 동아리 선배가 좋은 인터넷 강의가 있다고 소개해 주었습니다.
학원에 가지 않고 어디에서든지 할 수 있어서 편했습니다. 어려운 부분은 여러 번 들을 수도 있었습니다. 하지만 혼자 하니까 심심하고 도와 줄 선생님이 없어서 힘들 때가 많았습니다.

수강 과목	
신청 이유	
장점	
단점	

정리해 봅시다

EN Let's review JP まとめてみましょう CH 整理整理

여러분 나라에서는 인터넷으로 무슨 강의를 들을 수 있습니까? 한국에서 인터넷 강의로 배우고 싶은 강의가 있습니까? 이야기해 보십시오.

EN What kinds of internet lectures are you able to listen to in your home country? Is there an internet class that you would like to learn from in Korea? Talk about it. JP みなさんの国ではインターネットで何の講義を聞くことができますか。韓国でインターネット講義で学びたい講義がありますか。話してみなさい。 CH 请谈一谈，在你们的国家，可以用网络听哪些课程？在韩国，有没有想听的网络课程？

03 공부할 때 모르는 것이 있으면 인터넷 사전을 이용한다

학/습/목/표 인터넷을 이용한 공부 경험에 대해서 쓸 수 있다.

EN Objective be able to write about an experience when you used the internet while studying
JP 学習目標 インターネットを利用した勉強の経験について書くことができる。
CH 学习目标 会介绍利用网络学习的经历。

준비해 봅시다

EN Let's get ready JP 準備してみましょう CH 热身活动

01 읽고 관계있는 것을 연결하십시오.

EN Read and draw a line to what is related. JP 読んで関係があるものを線で結びなさい。 CH 读一读，连一连。

(가) 나는 공부할 때 모르는 단어가 있으면 인터넷 사전을 이용한다. 인터넷 사전을 이용하고 싶으면 우선 인터넷 사전에 접속해야 한다. 그 다음에 찾고 싶은 단어를 검색한다.

(나) 인터넷 사전은 책으로 된 사전보다 단어를 찾기 쉽다. 그리고 사전 안에 단어도 많아서 찾고 싶은 단어는 거의 다 있다. 또 중국어 단어는 마우스로 그려서 입력할 수 있기 때문에 정말 편리하다.

(가) • • 인터넷 사전의 좋은 점

(나) • • 인터넷 사전의 이용 방법

02 인터넷으로 자료를 찾으려고 합니다. 〈보기〉의 어휘를 순서대로 쓰십시오.

EN You want to find information on the internet. Write the vocabulary in the example in order. JP インターネットで資料を探そうとします。〈語群〉の語彙を順序どおり書きなさい。 CH 要在网上查找资料。请把范文中的词汇按照顺序依次写下来。

보기 접속하다 저장하다 입력하다 검색하다 다운로드하다

홈페이지에 (   )

▼

찾고 싶은 단어를 (   )

▼

여러 자료를 (   )

▼

홈페이지에서 필요한 자료를 (   )

▼

내 컴퓨터에 자료를 (   )

써 봅시다

EN Let's write JP 書いてみましょう CH 写一写

01 〈보기〉와 같이 쓰십시오.

EN Write as it is shown in the example. JP 〈例〉のように書きなさい。 CH 仿照范文，写一写。

1. 공부를 할 때 인터넷을 이용한 적이 있습니까? 언제 인터넷을 이용합니까? 어떻게 이용합니까?

EN Have you ever used the internet while studying? When do you use the internet? How do you use it?
JP 勉強をするときインターネットを利用したことがありますか。いつインターネットを利用しますか。どのように利用しますか。
CH 在学习的时候，有没有使用过网络？什么时候使用网络？怎么使用？

〈보기〉
나는 한국어 공부를 할 때 문법을 잘 모르면 국립국어원의 질문 게시판을 이용한다. 질문 게시판을 이용하고 싶으면 우선 국립국어원 홈페이지에 접속해야 한다. 그리고 게시판에 문법에 대해서 질문을 하면 금방 대답을 적어 준다.

❶

....

....

....

❷

....

....

....

2. 인터넷으로 공부를 하면 무엇이 좋습니까?

EN What is good about studying through the internet? JP インターネットで勉強をしたら何がよいですか。 CH 在网上学习有什么好处？

〈보기〉
인터넷 질문 게시판을 이용하면 친구에게나 선생님께 질문하기 어려운 문법을 뭐든지, 언제든지 질문할 수 있어서 좋다. 그리고 아주 친절하게 설명을 해 주어서 잘 이해할 수 있다.

❶

❷

02 〈보기〉와 같이 공부를 하면서 인터넷을 이용한 경험에 대해서 쓰십시오.

EN Write about an experience when you used the internet while studying as it is shown in the example. JP 〈例〉のように勉強をしながらインターネットを利用した経験について書きなさい。 CH 仿照范文，写一写学习时利用网络的经历。

공부에 도움이 되는 인터넷 사이트	외국어 쓰기 연습을 할 때 글쓰기 사이트를 이용하다
이용하는 방법	인터넷 사이트에 접속해서 회원 가입을 하다 / 외국어로 글을 쓰다 / 그 말을 사용하는 사람이 내 글을 고쳐 주다
좋은 점	글쓰기 연습을 자주 할 수 있다 내 글에서 잘못된 것을 고쳐 주니까 도움이 되다 나도 다른 사람의 글을 고쳐 줄 수 있어서 기쁘다

〈보기〉 나는 외국어로 쓰기 연습을 하고 싶었는데 친구가 좋은 인터넷 사이트를 소개해 주었다. 그 사이트는 인터넷 글쓰기사이트이다. 우선 홈페이지에 들어가서 회원 가입을 한다. 그리고 글을 쓰고 싶을 때 외국어로 글을 쓴다. 그러면 그 말을 사용하는 사람들이 직접 글을 고쳐 준다.

한 번 글을 쓰니까 3~4명이 내 글을 고쳐주었다. 글쓰기 연습을 자주 할 수 있고, 여러 사람이 내 글에서 잘못된 것을 고쳐 주어서 도움이 많이 되었다. 그리고 나도 다른 사람이 우리나라 말로 쓴 글을 고쳐 줄 수 있어서 기뻤다. 앞으로 날마다 외국어로 글을 쓰고 싶다.

공부에 도움이 되는 인터넷 사이트	
이용하는 방법	
좋은 점	

정리해 봅시다

EN Let's review JP まとめてみましょう CH 整理整理

여러분이 자주 들어가는 인터넷 사이트 중에서 공부에 도움이 되는 사이트가 있습니까? 그 사이트 이름이 무엇입니까? 어떻게 이용합니까? 이야기해 보십시오.

EN Among the internet sites that you visit often, which one is helpful to your studies? What is the name of that site? Talk about it.

JP みなさんがよく利用するインターネットサイトの中で勉強に役立つサイトがありますか。そのサイトの名前は何ですか。どのように利用しますか。話してみなさい。

CH 请谈一谈，在大家经常登陆的网站中，有没有对学习有所帮助的网站？那个网站的名字是什么？怎么使用？

제8과

대학 문화

01 이제는 나도 가끔 후배에게 밥을 사기도 해

02 전자공학과 학생들과 과미팅을 하려고 합니다

03 이번에 외국인 장터를 했으면 좋겠어요

01 이제는 나도 가끔 후배에게 밥을 사기도 해

학/습/목/표 한국 대학생들의 소비문화를 소개하는 편지글을 쓸 수 있다.

EN Objective be able to write a letter introducing the consumption culture of Korean college students
JP 学習目標 韓国の大学生の消費文化を紹介する手紙を書くことができる。
CH 学习目标 会写一封信介绍韩国大学生的消费文化。

준비해 봅시다

EN Let's get ready JP 準備してみましょう CH 热身活动

01 다음 편지를 읽고 알 수 있는 것을 고르십시오.

EN Read this letter and choose what you can know from it. JP 次の手紙を読んでわかることを選びなさい。
CH 通过阅读信，可以知道什么？

팅팅에게

잘 지냈니? 유학 준비는 잘 되고 있니? 난 잘 지내고 있어.

지난번에 네가 한국 학생들의 문화에 대해 알고 싶다고 했지?

어제 과 친구들, 선배님과 같이 식사를 했어. 그런데 식사가 끝나고 돈을 내려고 하니까 선배님이 우리가 먹은 음식 값까지 모두 내셨어.

한국에서는 후배하고 같이 식사를 하면 선배가 계산할 때가 많다고 해. 이제는 나도 가끔 후배에게 밥을 사기도 해. 네가 한국에 오면 내가 맛있는 저녁 사 줄게.

그럼 다음 달에 한국에서 보자.

1월 10일
크리스가

- ☐ 편지를 쓴 이유
- ☐ 편지를 쓴 날짜
- ☐ 편지를 보내는 사람
- ☐ 편지를 받는 사람
- ☐ 편지를 받은 날짜

02 관계있는 어휘를 〈보기〉에서 찾아 쓰십시오.

EN Find the related vocabulary from the example and write them. JP 関係がある語彙を〈語群〉から探して書きなさい。
CH 在范文中找出相关词汇，并把它写下来。

보기: 공동구매 쿠폰 학생 할인 모바일 상품권

(1) 휴대폰으로 선물을 보낼 수 있다 ………… ( )
(2) 학생증이 있으면 10% 싸게 살 수 있다 ………… ( )
(3) 10장 모으면 한 번은 무료로 먹을 수 있다 ………… ( )
(4) 과 점퍼를 다 같이 주문하면 싸게 살 수 있다 ………… ( )

써 봅시다

EN Let's write JP 書いてみましょう CH 写一写

01 〈보기〉와 같이 쓰십시오.

EN Write as it is shown in the example. JP 〈例〉のように書きなさい。 CH 仿照范文，写一写。

1. 한국 학생들의 소비문화가 어땠습니까? 무엇을 알게 됐습니까?

EN How is the consumption culture of Korean students? What were you able to find out? JP 韓国の学生の消費文化はどうでしたか。何がわかるようになりましたか。 CH 对韩国学生的消费文化怎么看？从中知道了什么？

〈보기〉
오랜만에 친구들과 만나서 커피를 마셨어. 계산을 하고 친구들이 쿠폰에 도장을 받았어. 도장 열 번을 받으면 한 잔을 무료로 마실 수 있다고 했어.

❶

❷

2. 친구의 이야기를 듣고 어떻게 했습니까?

EN What did you do when you heard stories from your friend? JP 友達の話を聞いてどうしましたか。 CH 听了朋友的故事以后，怎么想？

〈보기〉
친구 이야기를 듣고 나도 커피숍에서 쿠폰을 만들었어. 나도 쿠폰에 도장을 다 받아서 무료로 커피를 마셔 보고 싶어. 빨리 열 번을 다 받았으면 좋겠어.

❶

❷

02 〈보기〉와 같이 한국에 와서 느낀 한국 학생들의 소비문화를 쓰십시오.

EN Write your feelings about the Korean students' consumption culture after you arrived in Korea as it is shown in the example.
JP <例>のように韓国に来て感じた韓国の学生の消費文化を書きなさい。
CH 仿照范文，写一写你来到韩国以后所感受到的韩国学生的消费文化。

친구들과 있었던 일	영화를 보다 / 커피를 마시다 / 케이크를 먹다
이상하게 느낀 것	각각 다른 카드로 계산하다 / 여러 장의 할인 카드가 있다
내가 한 일	할인 카드를 신청하다

〈보기〉 제임스에게

잘 지내니? 한국에 올 준비는 잘 되고 있어?

너 커피 좋아하지? 한국에서 커피를 싸게 마실 수 있는 방법을 찾았어. 지난주에 과 친구들과 명동에 가서 영화도 보고 커피도 마시고 맛있는 케이크도 먹었어. 그런데 친구들이 각각 다른 카드로 계산을 하는 거야. 그래서 친구들에게 왜 다른 카드로 계산을 하냐고 물었어. 그러니까 친구가 카드마다 할인해 주는 것이 달라서 여러 장의 할인 카드를 만들면 좋다고 했어.

나도 친구의 이야기를 듣고 자주 가는 커피숍에서 할인을 받을 수 있는 카드를 신청했어. 빨리 한국에 와. 보고 싶어. 맛있는 커피도 사 줄게.

10월 31일

마리아가

친구들과 있었던 일	
이상하게 느낀 것	
내가 한 일	

정리해 봅시다

EN Let's review JP まとめてみましょう CH 整理整理

한국 대학생들의 소비문화는 여러분 나라의 소비문화와 어떻게 다릅니까? 이야기해 보십시오.

EN How is the consumption culture of Korean college students different from that of your home country? Talk about it.
JP 韓国の大学生の消費文化はみなさんの国の消費文化とどのように異なりますか。話してみなさい。
CH 请谈一谈，跟你们国家的消费文化相比，韩国大学生的消费文化有什么不同?

02 전자공학과 학생들과 과미팅을 하려고 합니다

학/습/목/표 대학 연합 모임을 제안하는 글을 쓸 수 있다.

EN Objective be able to write a suggestion for a united college meeting
JP 学習目標 大学連合の集まりを提案する文を書くことができる。
CH 学习目标 会写举行大学联合会的计划书。

준비해 봅시다

EN Let's get ready JP 準備してみましょう CH 热身活动

01 읽고 맞는 답을 고르십시오.

EN Read and choose the right answer. JP 聞いて正しい答えを選びなさい。 CH 读一读，选择正确答案。

안녕하십니까?

이번에 저희 전자공학과에서 한국여자대학교 전자공학과 학생들과 과미팅을 하려고 합니다. 시험 때문에 받은 스트레스도 풀고 한국여자대학교 학생들과도 친해질 수 있는 기회가 될 것입니다.

과미팅은 10월 23일 오후 4시에 전자관 강당에서 하겠습니다. 전공 퀴즈도 풀고 게임도 하려고 합니다. 행사가 끝나면 같이 저녁을 먹으면서 대화하는 시간도 있습니다. 선물도 많이 준비했으니까 꼭 참석해 주십시오.

참석하실 분은 electro@yonsei.ac.kr로 신청해 주세요.

위 글에서 말하지 않은 것은 무엇입니까?

EN Which one is not mentioned in the above text? JP 上記の文で言っていないことは何ですか。 CH 在上文中没有被提及的内容是什么？

- ☐ 모임의 목적
- ☐ 모임에서 하는 일
- ☐ 신청 방법
- ☐ 신청 받는 사람 이름

02 〈보기〉에서 관계있는 어휘를 찾아 빈칸에 쓰십시오.

EN Find the related vocabulary from the example and write them in the blanks.
JP 〈語群〉から関係がある語彙を探して空欄に書きなさい。 CH 在范文中找出相关词汇，填空。

보기

과미팅 봉사 활동 세미나 체육 대회 보고서 발표회

(　　　　　)

(　　　　　)

(　　　　　)

(　　　　　)

(　　　　　)

써 봅시다

EN Let's write　JP 書いてみましょう　CH 写一写

01 〈보기〉와 같이 쓰십시오.

EN Write as it is shown in the example.　JP 〈例〉のように書きなさい。　CH 仿照范文，写一写。

1. 다른 학교 학생들과 어떤 모임을 하겠습니까? 모임을 하는 이유는 무엇입니까?

EN What kind of meeting will you have with students of other schools? What is the reason for the meeting?
JP 他校の学生とどんな集まりをしますか。集まりをする理由は何ですか。　CH 要跟其他学校的学生举行哪些聚会？为什么要聚会？

〈세미나〉 토론하다 / 전공 공부 정보를 나누다	**〈보기〉** 이번에 저희 경영학과에서 동양대학교 경영학과 학생들과 같이 세미나를 하려고 합니다. 관심 있는 주제에 대해 토론하고 전공 공부 정보도 나눌 수 있는 기회가 될 것입니다.
❶ 〈축구 대회〉 축구를 하다 / 친구를 사귀다	
❷ 〈유학생 모임〉 학교 생활 정보를 나누다 / 힘든 유학생활에 대해서 이야기하다	

2. 모임에서 무엇을 합니까? 어떻게 신청해야 합니까?

EN What will you do at the meeting? How can you sign up?　JP 集まりで何をしますか。どのように申請しなければなりませんか。
CH 聚会时，做什么？怎么申请？

〈보기〉
세미나를 한 후에 같이 밥을 먹고 교수님들과 노래방에도 갈 거예요. 참석을 원하시는 분은 이메일로 신청해 주세요.

❶

❷

02 〈보기〉와 같이 대학 연합 모임을 제안하는 글을 쓰십시오.

EN Write a suggestion for a united college meeting as it is shown in the example.　JP 〈例〉のように大学連合の集まりを提案する文を書きなさい。　CH 仿照范文，写一篇举行大学联合会的计划书。

모임 이름	신문방송학과 보고서 발표회
모임의 목적	배운 것 정리 / 다른 대학교 학생과 만남
모임에서 하는 일	준비한 논문 발표 / 질문
신청 방법	홈페이지 게시판에서 신청

〈보기〉 안녕하십니까?
이번에 저희 신문방송학과에서는 신촌대학교 신문방송학과 학생들과 보고서 발표회를 합니다. 한 학기동안 배운 것을 정리하고 다른 대학교 학생들과 만나서 이야기도 할 수 있습니다.

한 학기 동안 쓴 보고서 중에서 하나를 골라 10분 정도 발표를 합니다. 그 후에 발표 한 내용에 대해서 질문도 합니다. 발표를 잘 한 학생들에게는 장학금도 드립니다. 많이 참석해 주시기 바랍니다.
참석하실 분은 www.news135.ac.kr 홈페이지 게시판에 신청해 주세요.

모임 이름	
모임의 목적	
모임에서 하는 일	
신청 방법	

정리해 봅시다

EN Let's review JP まとめてみましょう CH 整理整理

여러분은 다른 학교 학생들과 모임을 한 적이 있습니까? 어떤 모임을 했습니까? 어떤 모임을 하고 싶습니까? 이야기해 보십시오.

EN Have you ever had a meeting with students of other schools? What kind of meeting did you have? What kind of meeting would you like to have? Talk about it. JP みなさんは他校の学生と集まりをしたことがありますか。どんな集まりをしましたか。どんな集まりをしたいですか。話してみなさい。
CH 请谈一谈，大家有没有跟其他学校的学生举行过聚会？都举行过哪些聚会？想举行哪些聚会？

03 이번에 외국인 장터를 했으면 좋겠어요

학/습/목/표 학교 인터넷 게시판에 제안하는 내용의 글을 쓸 수 있다.

EN Objective be able to write a suggestion for the college internet bulletin board
JP 学習目標 学校のインターネットの掲示板に提案する内容の文を書くことができる。
CH 学习目标 会在学校的电子公告板上提建议。

준비해 봅시다

EN Let's get ready JP 準備してみましょう CH 热身活动

01 읽고 관계있는 것을 연결하십시오.

EN Read and draw a line to what is related. JP 読んで関係があるものを線で結びなさい。 CH 读一读，连一连。

연세대학교 YONSEI UNIVERSITY　　연세공감

HOME › 대학생활 › 대학공지 › 공지사항

제목	각 나라의 음식을 소개하는 것이 어떨까요?				
글쓴이	누엔 (연세인)	조회 수		날짜	

(가) 저는 작년에 축제에 갔는데요. 그때 학생들이 음식을 사고팔았던 장터가 참 재미있었어요. 그런데 외국인 학생들의 모습이 많이 보이지 않았어요. 제가 외국인 학생이어서 그런지 외국인 학생들이 없으니까 재미가 없었어요. 그래서 이번에는 외국인 장터를 했으면 좋겠어요.

(나) 외국인 학생들이 모여서 자기 나라의 음식과 음료수를 준비하고 한국 친구들에게 소개하는 장터를 했으면 합니다. 한국 친구들에게 자기 나라를 소개하고 맛있는 음식도 먹으면 아주 좋을 것 같아요. 여러분의 생각은 어때요? 댓글을 써 주세요.

(가) • 　　　　• 나의 의견

(나) • 　　　　• 축제에 참여한 경험

02 다음은 대학 축제에서 자주 하는 행사입니다. 관계 있는 어휘를 〈보기〉에서 찾아 쓰십시오.

EN The following is an event that is usually held at a college festival. Find the related words from the example and write them.
JP 次の内容は大学祭でよく行う行事です。関係がある単語を〈語群〉から探して書きなさい。
CH 下面是在大学庆典中经常进行的一些活动。找出相关词汇，并把它写下来。

보기

공연하다　무대에 서다　응원하다　사다
팔다　운동하다　준비하다　춤을 추다

....	....	....
장터	노래대회	체육대회

써 봅시다

EN Let's write JP 書いてみましょう CH 写一写

01 〈보기〉와 같이 쓰십시오.

EN Write as it is shown in the example. JP 〈例〉のように書きなさい。 CH 仿照范文，写一写。

1. 축제에서 무슨 행사가 제일 생각이 납니까? 무엇이 좋지 않았습니까? 어떻게 하고 싶습니까?

EN What kind of event do you think about the most from the festival? What was not so good about the festival? What would you like to do? JP 祭りで何の行事が一番思いつきますか。何がよくなかったですか。どのようにしたいですか。 CH 庆典中印象最深刻的活动是什么？哪些活动不太好？想怎么做？

〈보기〉
저는 지난 축제에서 노래대회가 제일 생각이 나요. 그런데 같은 시간에 유명한 가수가 공연을 해서 그런지 학생들이 많이 보이지 않았어요. 그래서 이번에는 가수와 함께 하는 노래 축제를 했으면 좋겠어요.

❶

....

....

....

❷

....

....

....

2. 어떤 행사를 했으면 합니까? 어떻게 하면 좋을까요?

EN What kind of event would you like to hold? What will make the event better? JP どんな行事をしたらいいですか。どうしたらいいでしょうか。 CH 希望举行什么样的活动？怎么做比较好？

〈보기〉
초대가수의 노래도 듣고 친구들의 노래도 듣는 노래 축제를 했으면 합니다. 가수가 학생들과 함께 노래를 부르는 것도 아주 좋을 것 같아요.

❶

❷

02 축제를 본 적이 있습니까? 〈보기〉와 같이 축제에서 했으면 하는 행사를 쓰십시오.

EN Have you ever seen a festival? Write about an event you would like to hold at a festival as it is shown in the example.
JP 祭りを見たことがありますか。<例>のように祭りでしたらいいと思う行事を書きなさい。
CH 有没有参加过庆典？仿照范文，写一写希望在庆典中举行的活动。

기억나는 것	한국의 큰 회사들이 와서 물건을 준 것
안 좋았던 것	복잡하다 / 양복을 입은 사람들이 많다
나의 의견	학생들이 만든 물건, 그림, 사진 등을 파는 장터 쓰던 물건을 파는 장터

게시판

〈보기〉 저는 지난 축제에서 한국의 큰 회사들이 학교에 와서 물건을 무료로 주던 모습이 가장 생각이 나요. 모두 좋은 물건들이었지만 많은 회사들이 와서 그런지 너무 복잡했어요. 학교에 양복을 입은 사람들이 많으니까 학교의 축제가 아닌 것 같았어요. 그래서 이번에는 학생들이 만든 물건을 파는 장터를 했으면 좋겠습니다.

우리가 직접 만든 물건이나 그림, 사진 등을 사고팔았으면 해요. 쓰던 물건을 팔아도 좋을 것 같아요. 그러면 더 많은 학생들이 같이 할 수 있고 재미도 있을 것 같은데 어때요?

여러분의 생각도 듣고 싶습니다. 댓글을 써 주세요.

기억나는 것	
안 좋았던 것	
나의 의견	

게시판

정리해 봅시다

EN Let's review JP まとめてみましょう CH 整理整理

한국의 대학 축제에 가 본 적이 있습니까? 어땠습니까? 여러분 나라의 대학 축제와 무엇이 달랐습니까? 이야기해 보십시오.

EN Have you ever been to a college festival in Korea? How was it? How is it different from a college festival in your home country? Talk about it.
JP 韓国の大学祭に行ったことがありますか。どうでしたか。みなさんの国の大学祭と何が異なりましたか。話してみなさい。
CH 请谈一谈，有没有去过韩国的大学庆典？怎么样？跟你们国家的庆典相比，有什么不同？

제9과

상담

01 솔직하게 이야기해 보는 게 좋겠다

02 교수님의 말을 이해하지 못해서 실수도 했습니다

03 어떻게 공부를 해야 할지 모르겠습니다

01 솔직하게 이야기해 보는 게 좋겠다

학/습/목/표 고민을 이야기하는 짧은 글을 쓸 수 있다.

EN Objective be able to write a short text about a worry you have
JP 学習目標 悩みを話す短い文を書くことができる。
CH 学习目标 会写关于诉说烦恼的短文。

준비해 봅시다

EN Let's get ready JP 準備してみましょう CH 热身活动

01 읽고 관계있는 것을 연결하십시오.

EN Read and draw a line to what is related. JP 読んで関係があるものを線で結びなさい。 CH 读一读, 连一连。

그룹채팅 2

선배님 안녕하세요? 저, 레오나예요. 오후 2:35

김민지
안녕? 잘 지냈니? 무슨 일이야? 오후 2:35

조별 모임을 준비하고 있는데 스베타 씨가 잘 나오지도 않고 자기가 맡은 것도 안 해 오고 그래요. 어떻게 할까요? 오후 2:36

김민지
스베타하고 솔직하게 이야기해 보는 게 좋겠다. 시간이 없어서 그럴까? 어려워서 그럴까? 한번 물어 봐. 힘들면 서로 도와줄 수도 있잖아…. 오후 2:37

네. 그렇게 해 볼게요. 고맙습니다. 오후 2:37

김민지
이야기해 보고 전화 줘. 안녕. 오후 2:37

레오나 •	• 고민이 있다
김민지 •	• 조별 모임에 잘 안 나오다
스베타 •	• 후배에게 조언을 하다

02 〈보기〉에서 알맞은 표현을 찾아 쓰십시오. 한 번만 쓰십시오.

EN Find the right expressions from the example and write them. Please write the word once. JP 〈語群〉から適当な表現を探して書きなさい。語彙は一回だけ使いなさい。 CH 在下列范文中找出合适的表达方式并把它写下来。只需写一次。

보기
무슨 일이야? 뭔데? 그렇구나 그럴까? 어떡하지?

그룹채팅 2

리에
나, 리에야. 잘 있었니? 오후 3:11

응, ( ) 오후 3:11

리에: 부탁이 있어서 메시지를 보냈어. 오후 3:11

오후 3:11 (　　　　　　　　　　)

리에: 미안하지만 나하고 발표 순서를 바꿔 줄 수 있어?
급한 일이 있어서 고향에 가야 해. 오후 3:12

오후 3:12 (　　　　　　　　　　) 나도 준비를 많이 못했는데.

리에: (　　　　　　　　　　) 그럼 누구한테 부탁하지? 오후 3:12

오후 3:12 밍밍이 다 끝냈다고 했어. 밍밍한테 얘기해 봐.

리에: (　　　　　　　　　　) 그럼 밍밍한테 연락해 볼게. 안녕. 오후 3:12

써 봅시다

EN Let's write　JP 書いてみましょう　CH 写一写

01 〈보기〉와 같이 쓰십시오.

EN Write as it is shown in the example.　JP 〈例〉のように書きなさい。　CH 仿照范文，写一写。

1. 어떤 고민이 있습니까? 친구/선배에게 이야기하십시오.

EN What are you worried about? Talk about it with your friend or senior.　JP どんな悩みがありますか。友達/先輩に話しなさい。　CH 你有什么烦恼？请跟朋友或前辈说说。

〈보기〉

오후 2:10 유진아, 안녕? 나, 주청이야.

이유진: 응, 안녕? 무슨 일이니? 오후 2:10

오후 2:11 방 친구가 날마다 친구를 데리고 와서 밤늦게까지 놀아.

이유진: 정말? 오후 2:11

오후 2:12 응, 밤에 잠을 못 자니까 좀 힘들어.

①

오후 3:10 닝닝 선배님, 저 제시카예요.

닝닝: 응, 안녕? 무슨 일이니? 오후 3:10

오후 3:10 (　　　　　　　　　　)

닝닝: 정말? 오후 3:11

오후 3:11 (　　　　　　　　　　)

②

오전 11:45 스칼라 선배님, 저 미키예요.

스칼라 응, 안녕? 무슨 일이니? 오전 11:45

오전 11:45 ______

스칼라 그래? 뭐라고 했니? 오전 11:46

오전 11:46 ______

2. 친구/선배가 어떻게 이야기했습니까?

EN What did your friend or senior say? JP 友達/先輩がどう話しましたか。 CH 朋友或前辈是怎么跟你说的?

〈이유진〉

〈보기〉

이유진 힘들겠다. 내 생각엔 참지 말고 솔직하게 이야기하는 게 좋을 것 같아. 오후 2:12

오후 2:13 그렇게 할까?

이유진 그리고 이유를 물어보는 게 좋을 것 같아. 오후 2:13

오후 2:13 그렇겠지?

이유진 두 사람이 함께 공동 규칙을 만들어 봐. 오후 2:14

오후 2:14 좋은 생각이야. 고마워.

①

〈닝닝〉

닝닝 ______ 오후 3:11

오후 3:12 그럴까요?

닝닝 ______ 오후 3:12

오후 3:12 또 뭐라고 할까요?

닝닝 ______ 오후 3:13

오후 3:13 네, 좋은 생각이에요. 고맙습니다. 안녕히 계세요.

❷

〈스칼라〉

스칼라 [　　　　] 오전 11:46

오전 11:47 그게 좋을까요?

스칼라 [　　　　] 오전 11:47

오전 11:47 네, 저도 그렇게 말하려고 해요.

스칼라 [　　　　] 오전 11:48

오전 11:48 네, 그럴게요.

02 고민이 무엇입니까? 그 고민을 친구에게 이야기하십시오. 친구의 조언을 듣고 쓰십시오.

EN What is your worry? Talk about it with your friend. Listen to your friend's advice and write about it. JP 悩みは何ですか。その悩みを友達に話しなさい。友達の助言を聞いて書きなさい。 CH 你的烦恼是什么？请跟朋友诉说你的烦恼。写一写朋友给出的建议。

나의 고민	엠티(M.T.)준비를 하다 / 의견이 다르다 / 자기 생각을 바꾸지 않다

〈보기〉 엠티(M.T.) 준비를 하고 있는데 서로 의견이 달라서 고민이에요. 다이스케 씨가 자기 생각을 바꾸지 않아요. 어떻게 하면 좋을까요?

친구의 조언	이유를 물어보다 / 솔직하게 이야기해 보다

〈보기〉 다이스케 씨에게 그 이유를 물어보는 게 좋을 것 같다고 합니다. 솔직하게 이야기 한번 해 보라고 합니다.

나의 고민	

친구의 조언	

정리해 봅시다

EN Let's review JP まとめてみましょう CH 整理整理

여러분도 학교 생활에서 고민이 있습니까? 누구에게 상담을 합니까? 어떻게 하겠습니까? 이야기해 보십시오. EN Do you have any worries about your school life? Who do you go for counseling? What will you do? Talk about it.
JP みなさんも学校生活で悩みがありますか。誰に相談をしますか。どのようにするつもりですか。話してみなさい。 CH 请谈一谈，在学校生活中，大家是否也有烦恼？跟谁诉说？打算怎么做？

02 교수님의 말을 이해하지 못해서 실수도 했습니다

학/습/목/표 유학생활의 경험에 대해서 쓸 수 있다.

EN Objective be able to write about your studying abroad experience
JP 学習目標 留学生活の経験について書くことができる。
CH 学习目标 会介绍留学生活的经历。

준비해 봅시다

EN Let's get ready JP 準備してみましょう CH 热身活动

01 읽고 관계있는 것을 연결하십시오.

EN Read and draw a line to what is related. JP 読んで関係があるものを線で結びなさい。 CH 读一读, 连一连。

(가) 저는 2년 전에 한국에 왔습니다. 처음에는 한국어를 배우는 것이 힘들었고 입학 후에는 전공 공부도 어려웠습니다. 그리고 교수님의 말을 이해하지 못해서 실수도 했습니다. 시험 날짜를 몰라서 시험을 보지 못한 적도 있습니다.

(나) 저는 과 친구들과 스터디 그룹을 만들어서 매주 전공 책을 읽고 공부를 했습니다. 그리고 모르는 것이 있으면 교수님이나 선배님들께 자주 질문했습니다. 그래서 이제는 대학 생활에 많이 익숙해졌습니다.

(가) • • 어려움을 해결한 방법

(나) • • 유학 생활의 어려움

02 <보기>에서 관계있는 어휘를 찾아 쓰십시오. 한 번만 쓰십시오.

EN Find the related vocabulary from the example and write them. Write the word once. JP <語群>から関係がある語彙を探して書きなさい。語彙は一回だけ使いなさい。 CH 请在范文中找出对应的词汇, 并把它写下来。只需写一次。

보기 답답하다 신기하다 외롭다 자유롭다 재미있다 힘들다

( ) ( ) ( )

(　　　　　)　(　　　　　)　(　　　　　)

써 봅시다

EN Let's write　JP 書いてみましょう　CH 写一写

01 〈보기〉와 같이 쓰십시오.

EN Write as it is shown in the example.　JP 〈例〉のように書きなさい。　CH 仿照范文，写一写。

1. 무엇이 힘들었습니까? 왜 힘들었습니까?

EN What was difficult? Why was it difficult?　JP 何が大変でしたか。なぜ大変でしたか。　CH 你认为什么事情比较吃力？为什么？

〈보기〉
저는 과제가 많아서 힘들었습니다. 특히 발표가 자주 있어서 준비하기가 어려웠습니다. 또 보고서도 자주 써야 해서 아주 힘들었습니다.

❶

❷

2. 여러분은 어떻게 어려움을 극복했습니까?

EN How were you able to overcome your difficulty? JP みなさんはどのように困難を克服しましたか。 CH 大家都是怎样克服苦难的?

〈보기〉
저는 발표 준비를 한 후 연습을 많이 했습니다. 그리고 매일 일기를 쓰고 인터넷 쓰기 사이트에 글을 썼습니다. 그러니까 쓰기 실력도 좋아졌습니다.

❶

....

....

....

❷

....

....

....

02 〈보기〉와 같이 유학 생활의 어려움에 대해서 쓰십시오.

EN Write about a difficulty in studying abroad as it is shown in the example.
JP 〈例〉のように留学生活の難しさについて書きなさい。 CH 仿照范文, 写一写留学生活中遇到的困难。

유학 생활의 어려움	한국말을 잘 듣지 못하다 / 말이 통하지 않다 / 음식이 입에 맞지 않다
극복한 방법	한국 드라마와 예능 프로그램을 자주 보다 / 한국 친구와 만나서 이야기하다 / 한국 음식을 하루에 한 번씩 먹다

〈보기〉 저는 2년 전에 한국에 왔습니다. 처음에는 한국말을 잘 듣지 못해서 다른 사람의 말을 이해하지 못했습니다. 말도 통하지 않고 음식도 입에 맞지 않아서 고향으로 돌아가고 싶었습니다.

그래서 저는 한국 드라마나 예능 프로그램을 자주 보고 한국 친구와 만나서 이야기를 많이 했습니다. 그러니까 한국 사람들이 하는 말을 이해할 수 있었습니다. 그리고 한국 음식을 하루에 한 번씩 먹었습니다. 그래서 한국 음식에도 익숙해졌습니다. 이제는 한국 생활이 정말 재미있고 즐겁습니다.

유학 생활의 어려움	
극복한 방법	

정리해 봅시다

EN Let's review JP まとめてみましょう CH 整理整理

여러분은 유학 생활에서 무엇이 가장 힘들었습니까? 그 때는 어떻게 했습니까? 다시 그 때로 돌아가면 어떻게 하고 싶습니까? 이야기해 보십시오.

EN What was the most difficult thing about your life as an international student? What did you do at that time? If you were to go back to that time, what would you like to do? Talk about it. JP みなさんは留学生活で何が最も大変でしたか。そのときはどうしましたか。再び当時へ戻ったらどうしたいですか。話してみなさい。 CH 请谈一谈，在留学生活的过程中，什么事情让大家觉得最吃力？当时是怎么做的？要是回到那个时候，你想怎么做？

03 어떻게 공부를 해야 할지 모르겠습니다

학/습/목/표 교수님께 상담을 신청하는 이메일을 쓸 수 있다.

EN Objective To be able to write an email requesting a meeting for counseling with your professor.
JP 学習目標 教授へ相談を申請するメールを書くことができる。
CH 学习目标 能简单地进行介绍。

준비해 봅시다

EN Let's get ready JP 準備してみましょう CH 热身活动

01 읽고 관계있는 것을 연결하십시오.

EN Read and draw a line to what is related. JP 読んで関係があるものを線で結びなさい。 CH 读一读，连一连。

(가) 교수님, 안녕하세요? 지난 학기에 교수님의 수업을 들었던 요시다 리에입니다. 힘든 일이 있으면 언제든지 이야기하라고 하셨지요? 그래서 이렇게 메일을 씁니다.

(나) 요즘 제가 수업 때문에 고민입니다. 수업 내용을 거의 이해하지 못하고 있습니다. 예습과 복습을 해도 수업이 너무 어렵습니다. 제가 어떻게 공부를 해야 할지 모르겠습니다. 그래서 교수님과 이야기를 하고 싶은데 언제 교수님 연구실로 가면 될까요? 좋은 시간을 알려 주시면 그 시간에 가겠습니다. 안녕히 계십시오.

(가) • • 고민 내용

(나) • • 자기소개

02 다음의 사람들은 어떤 고민을 하고 있습니까? 〈보기〉에서 관계있는 어휘를 찾아 쓰십시오.

EN What are these people worried about? Find the word from the example and write it. JP 次の人たちは何を悩んでいますか。〈語群〉から語彙を探して書きなさい。 CH 下面这些人有什么烦恼？在范文中找出相关词汇，并把它写下来。

보기: 진학 취직 학점 전공

(1)

(   )

(2)

(   )

(3)

(   )

(4)

(   )

써 봅시다

EN Let's write JP 書いてみましょう CH 写一写

01 〈보기〉와 같이 쓰십시오.

EN Write as it is shown in the example. JP 〈例〉のように書きなさい。 CH 仿照范文，写一写。

1. 어떤 학생입니까? 두 사람은 어떻게 압니까? 교수님께서 뭐라고 하셨습니까?

EN What kind of students are they? How do the two people know each other? What did the professor say to them? JP どんな学生ですか。二人はどう知り合いましたか。教授は何とおっしゃいましたか。 CH 他是什么样的学生？两个人怎么认识的？教授说了些什么？

〈보기〉
저는 작년에 교수님의 수업을 들었던 몽골 학생, 아마라입니다. 어려운 일이 있으면 언제든지 이야기하라고 하셨지요? 그래서 이렇게 메일을 씁니다.

❶

....

....

....

❷

....

....

....

2. 요즘 무엇이 고민입니까? 교수님과 무엇을 하고 싶습니까?

EN What are you worried about these days? What would you like to do with your professor? JP 最近何が悩みですか。教授と何をしたいですか。 CH 最近有什么烦恼？想跟教授做什么？

〈보기〉
요즘 저는 대학원 진학 준비 때문에 고민입니다. 한국에서 대학원에 가고 싶은데 어떻게 해야 할지 모르겠습니다. 그래서 교수님과 이야기를 하고 싶은데 언제 교수님 연구실로 가면 될까요?

❶

❷

02 〈보기〉와 같이 교수님께 상담을 신청하는 이메일을 쓰십시오.

EN Write an email requesting a meeting for counseling with your professor as it is shown in the example. JP 〈例〉のように教授に相談を申請するメールを書きなさい。 CH 仿照范文，给教授写一封邮件，预约面谈时间。

자기소개	지난 학기에 수업을 들었다
고민	한국에서 취업을 하고 싶다

〈보기〉 안녕하세요? 교수님.
저는 지난 학기에 교수님의 수업을 들었던 미국 학생, 제리입니다. 힘든 일이 있으면 언제든지 상담 신청을 하라고 하셨지요? 그래서 이렇게 메일을 씁니다.
요즘 저는 취직 때문에 고민이 많습니다. 저는 한국에서 취직을 하고 싶은데 어떻게 해야 할지 잘 모르겠습니다. 그래서 교수님과 이야기를 하고 싶은데 언제 교수님 연구실로 가면 될까요? 좋은 시간을 말씀해 주세요. 안녕히 계십시오.

자기소개	
고민	

정리해 봅시다

EN Let's review JP まとめてみましょう CH 整理整理

고민이 있을 때 보통 누구와 이야기를 합니까? 고민이 있을 때 어떻게 하는 것이 좋을까요? 이야기해 보십시오.

EN When you have a worry, who do you usually talk with? What would be good to do when you have a worry? Talk about it.
JP 悩みがあるとき普段誰と話をしますか。悩みがあるときどうすることがいいでしょうか。話してみなさい。
CH 请谈一谈，当你有烦恼的时候一般跟谁诉说？有烦恼的时候，应该怎么做比较好？

제10과

여가 생활

01 두부 정식이 별미입니다

학/습/목/표 맛집을 소개하는 글을 쓸 수 있다.

EN Objective be able to write an introduction about a famous restaurant
JP 学習目標 おいしい店を紹介する文を書くことができる。
CH 学习目标 会介绍美食店。

준비해 봅시다

EN Let's get ready JP 準備してみましょう CH 热身活动

01 이 글을 읽고 알 수 있는 것을 고르십시오.

EN Read the passage and choose what you can know from it. JP この文を読んでわかることを選びなさい。
CH 通过阅读本文，可以知道什么？

이번 달에는 유명한 맛집을 소개하겠습니다. 꼭 가 보시기 바랍니다.
강릉의 맛집 '초당 순두부집'을 소개하겠습니다. 이 식당에서는 '두부 정식'이 별미입니다. 콩으로 만든 두부는 몸에도 좋습니다.

어린이도 잘 먹습니다. 여러 가지 두부요리를 먹을 수 있습니다. 후식으로 나오는 두부 과자도 맛있습니다. 식사를 마치고 근처에 있는 경포대도 구경하면 좋을 것 같습니다.

한국대학교 외국인 대학생 기자단 기자 황주예

- ☐ 음식의 값
- ☐ 두부의 재료
- ☐ 주변 구경거리
- ☐ 맛집을 찾아 가는 방법
- ☐ 이 식당에서 맛있는 음식

02 관계있는 어휘를 찾아 연결하십시오.

EN Find the related vocabulary and connect with a line. JP 〈語群〉から関係がある語彙を探して線で結びなさい。
CH 在范文中找出相关词汇，并用线连一连。

건강에 좋은 음식 •	• 후식
특별한 맛 •	• 별미
식사 후에 먹는 음식 •	• 간식
식사 사이에 먹는 간단한 음식 •	• 건강식
밖에서 사 먹는 음식 •	• 외식

써 봅시다

EN Let's write JP 書いてみましょう CH 写一写

01 〈보기〉와 같이 쓰십시오.

EN Write as it is shown in the example. JP 〈例〉のように書きなさい。 CH 仿照范文，写一写。

1. 무슨 맛집을 소개하겠습니까? 그 식당에 무슨 음식이 맛있습니까?

EN What famous restaurants would you like to introduce? What food tastes good at that restaurant? JP 何のおいしい店を紹介しますか。そのお店でどんな食べ物がおいしいですか。 CH 打算介绍哪一家美食店？那家店什么食物好吃？

맛집 이름	전주비빔밥집
별미	전주비빔밥과 솔잎 막걸리
좋은 점	여러 가지 채소가 많다

〈보기〉
전주의 맛집 '전주비빔밥집'을 소개하겠습니다. '전주비빔밥'과 '솔잎막걸리'가 별미입니다. 여러 가지 채소가 많아서 몸에 좋습니다.

❶

맛집 이름	경북 연잎쌈밥집
별미	연잎 밥과 불고기
좋은 점	불고기를 콩으로 만들어서 부드럽다

❷

맛집 이름	단양 마늘 한정식집
별미	마늘 밥과 통마늘구이
좋은 점	마늘을 튀겨서 맵지 않다

2. 그 음식은 누가 좋아합니까? 식당 주변에 구경거리도 있습니까?

EN Who likes that food? Are there things to see around that restaurant? JP その食べ物は誰が好きですか。お店の周辺に見ものもありますか。 CH 谁喜欢这个食物? 美食店周围还有别的看头吗?

좋아하는 사람	한국인과 외국인 모두
후식	식혜
구경거리	전주 한옥마을

〈보기〉
전주비빔밥은 한국인과 외국인 모두 좋아합니다. 후식으로 나오는 식혜도 달지 않고 맛있습니다. 식사를 마치고 전주 한옥 마을도 구경하면 좋을 것 같습니다.

❶

좋아하는 사람	고기를 못 먹는 사람
후식	누룽지
구경거리	불국사, 첨성대

❷

좋아하는 사람	매운 마늘을 못 먹는 외국인
후식	마늘과자
구경거리	단양 팔경, 고수동굴

02 〈보기〉와 같이 맛집을 소개하는 글을 쓰십시오.

EN Write an introduction about a famous restaurant as it is shown in the example. JP 〈例〉のようにおいしいお店を紹介する文を書きなさい。 CH 仿照范文, 写一篇介绍美食店的短文。

맛집 이름	제주 성산봉 갈치집
별미	갈치 회와 갈치구이
좋은 점	직접 잡아서 싱싱하다
좋아하는 사람	어른과 어린이 모두
후식	녹차 아이스크림
구경거리	성산일출봉

〈보기〉 이번 달에는 제주도의 맛집 '성산봉 갈치집'을 소개하겠습니다. 이 식당에서는 갈치회와 갈치구이가 별미입니다. 직접 잡아서 갈치가 아주 싱싱합니다.
이 음식은 어른과 어린이 모두 좋아합니다. 후식으로 나오는 녹차 아이스크림도 맛있습니다. 주변에 관광지가 많지만 성산일출봉은 꼭 구경해 보십시오.
한국대학교 외국인 대학생 기자단 기자 루이사

맛집 이름	
별미	
좋은 점	
좋아하는 사람	
후식	
구경거리	

정리해 봅시다

EN Let's review JP まとめてみましょう CH 整理整理

한국에서 유명한 맛집에 가 봤습니까? 무슨 음식을 먹어 봤습니까? 여러분 나라에도 맛집이 있습니까? 이야기해 보십시오.

EN Have you ever visited a famous restaurant in Korea? What kind of food did you try? Do you have famous restaurants in your home country? Talk about it. JP 韓国で有名なおいしいお店に行ったことがありますか。どんな食べ物を食べたことがありますか。みなさんの国にもおいしいお店がありますか。話してみなさい。 CH 请谈一谈，在韩国是否去过有名的美食店？在那里吃过什么食物？你们的国家是否也有美食店？

02 미술관에 들어가서 전시회도 구경했다

학/습/목/표 서울 여행 감상문을 쓸 수 있다.

EN Objective be able to write a travel report of Seoul
JP 学習目標 ソウル旅行の感想文を書くことができる。
CH 学习目标 会写首尔旅游观后感。

준비해 봅시다

EN Let's get ready JP 準備してみましょう CH 热身活动

01 이 글을 읽고 알 수 없는 것을 고르십시오.

EN Read the passage and choose what you can't know from it. JP この文を読んでわからないことを選びなさい。 CH 下列哪项不属于本文的内容?

(가) 지난주에 시험이 끝나고 친구와 같이 인사동에 갔다. 고향에 돌아갈 때 가족과 친구들에게 줄 선물을 사러 갔다. 선배들이 인사동에는 한국의 전통 물건이 많고 미술관도 많다고 했다. 그래서 구경도 하고 싶었다.

(나) 지하철 3호선을 타고 안국역에서 내렸다. 걸어가면서 보니까 가게에 예쁜 물건과 옛날 물건도 많았다. 가게에 들어가서 부모님께 드릴 부채와 동생에게 줄 인형을 샀다. 작은 미술관에 들어가서 전시회도 구경했다. 그리고 전통 찻집에 들어가서 차를 마시면서 친구와 즐겁게 이야기도 했다. 오랜만에 서울 구경을 하니까 정말 즐겁고 기분이 좋았다.

- ☐ 구경한 장소
- ☐ 가는 방법
- ☐ 구경한 것
- ☐ 물건 값

02 <보기>에서 알맞은 어휘를 찾아 쓰십시오.

EN Find the related vocabulary from the example and write them. JP <語群>から関係がある語彙を探して書きなさい。 CH 在范文中找出相关词汇，并把它写下来。

보기 고궁 박물관 전통 시장 미술관 놀이공원

( )

( )

( )

( )

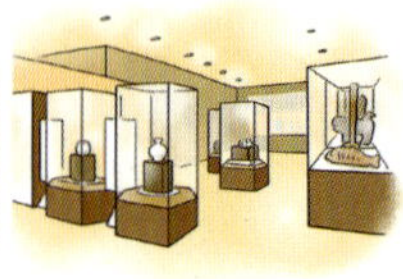
( )

써 봅시다

EN Let's write JP 書いてみましょう CH 写一写

01 〈보기〉와 같이 쓰십시오.

EN Write as it is shown in the example. JP 〈例〉のように書きなさい。 CH 仿照范文，写一写。

1. 어디에 갔습니까? 왜 갔습니까? 무엇으로 갔습니까?

EN Where did you go? Why did you go there? How did you get there? JP どこへ行きましたか。なぜ行きましたか。何で行きましたか。
CH 去了哪里？为什么去的？坐什么去的？

〈보기〉
어제는 친구와 같이 경복궁에 갔다. 한국의 역사를 알고 싶어서 경복궁을 구경했다. 272번 버스를 타고 경복궁 정류장에서 내렸다.

❶

....

....

....

❷

....

....

....

2. 무엇을 했습니까? 무엇이 좋았습니까?

EN What did you do? What was good about it? JP 何をしましたか。何がよかったですか。 CH 做什么了？什么比较好？

〈보기〉
근정전과 경회루를 봤다. 경회루 옆에 있는 연못도 아주 아름다웠다. 그리고 사진도 많이 찍었다. 옛날 건물을 보니까 신기했다.

❶

❷

02 〈보기〉와 같이 서울에서 구경한 곳에 대해서 쓰십시오.

EN Write about the place you went sightseeing in Korea as it is shown in the example. JP 〈例〉のようにソウルで見物した所について書きなさい。 CH 仿照范文，写一写在首尔去过的地方。

구경한 곳	놀이공원
교통편	지하철
한 일	놀이기구를 타다 / 간식을 사 먹다
느낀 점	놀이기구가 무섭지만 재미있다

〈보기〉 지난 주말에 동아리 친구들과 같이 놀이공원에 갔다. 친구들이 재미있다고 해서 기대를 많이 하고 갔다. 지하철 2호선을 타고 잠실역에서 내렸다. 밖으로 나가지 않고 지하에서 롯데월드로 갈 수 있어서 좋았다.

토요일이어서 그런지 사람이 아주 많았다. 기다리는 시간이 길어서 친구와 이야기를 많이 했다. 간식도 사 먹었다. 놀이기구는 무섭지만 재미있었다. 사람이 많아서 많이 못 탔지만 즐거웠다. 다음에는 평일에 와서 놀이기구를 더 많이 타고 싶다.

구경한 곳	
교통편	
한 일	
느낀 점	

정리해 봅시다

EN Let's review JP まとめてみましょう CH 整理整理

여러분은 서울에서 어디를 구경했습니까? 무엇이 좋았습니까? 어디를 구경하고 싶습니까? 이야기해 보십시오.

EN Where have you gone sightseeing in Seoul? What was good about it? Where would you like to go sightseeing? Talk about it.
JP みなさんはソウルでどこを見物しましたか。何がよかったですか。どこを見物したいですか。話してみなさい。
CH 请谈一谈，大家在首尔都去过哪里？觉得哪些地方不错？还想去哪里逛逛？

03 날마다 텔레비전을 보니까 도움이 되는 것 같았어

학/습/목/표 친구에게 텔레비전 프로그램을 추천하는 글을 쓸 수 있다.

EN Objective be able to write a recommendation of a television program to a friend
JP 学習目標 友達にテレビ番組を推薦する文を書くことができる。
CH 学习目标 会向朋友推荐电视节目。

준비해 봅시다

EN Let's get ready JP 準備してみましょう CH 热身活动

01 읽고 관계있는 것을 연결하십시오.

EN Read and draw a line to what is related. JP 読んで関係があるものを線で結びなさい。 CH 读一读，连一连。

보내기 | 미리보기 | 임시 저장

지영에게

(가) 편지 잘 받았어. 난 잘 지내. 걱정해 줘서 고마워. 그런데 중국어 듣기가 잘 안되는데 어떻게 공부해야 할지 모르겠다고 했지? 나도 한국어를 배울 때 많이 어려웠는데 날마다 텔레비전을 보니까 도움이 되는 것 같았어. 그럼 네가 보면 좋을 프로그램을 소개해 줄게.

(나) '쾌락본영'은 중국 사람들이 제일 많이 보는 프로그램 중의 하나야. 중국에서 유명한 연예인들이 나와서 자기의 이야기를 해. 중국 사람들이 자주 쓰는 말이 많이 나오니까 듣기에도 도움이 될 거야. 그리고 너는 한국의 예능 프로그램에도 관심이 있으니까 좋아할 거야. 꼭 한번 봐! 다음에 또 연락할게. 안녕.

- 웨이가

(가) •
(나) •

• 받은 메일 내용
• 메일의 목적
• 프로그램 소개
• 도움이 되는 부분

02 다음 사람에게 어떤 프로그램을 추천합니까? 〈보기〉에서 알맞은 어휘를 찾아 쓰십시오.

EN What program do you recommend to other people? Find the right vocabulary from the example and write them. JP 次の人にどんな番組を推薦しますか。〈語群〉から適当な語彙を探して書きなさい。 CH 给下面的人推荐什么节目？在范文中找出相关词汇，并把它写下来。

보기

드라마	건강 프로그램	스포츠 방송	음악 프로그램
여행 프로그램	요리 프로그램	예능 프로그램	다큐멘터리

(1) 유명한 곳에 가 보고 싶어한다 ………………………………………… (　　　　　)
(2) 요즘 유행하는 노래를 알고 싶어한다 …………………………………… (　　　　　)
(3) 자신의 건강에 대해서 관심이 많다 ……………………………………… (　　　　　)
(4) 음식을 만드는 것을 좋아한다 …………………………………………… (　　　　　)

써 봅시다

EN Let's write JP 書いてみましょう CH 写一写

01 〈보기〉와 같이 쓰십시오.

EN Write as it is shown in the example. JP 〈例〉のように書きなさい。 CH 仿照范文，写一写。

1. 친구는 왜 메일을 썼습니까? 친구가 어떤 프로그램을 보면 좋을까요?

EN Why did your friend write an email? What program would be good for your friend to watch? JP 友達はなぜメールを書きましたか。友達がどんな番組を見たらいいでしょうか。 CH 朋友为什么写邮件？朋友看什么节目比较好？

받은 메일
영어 듣기가 너무 어려워.
어떻게 공부해야 하니?

〈보기〉
영어 듣기가 어려운데 어떻게 공부해야 할지 모르겠다고 했지? 나도 한국어를 배울 때 날마다 한국의 드라마를 보니까 듣기 실력이 좋아지는 것 같았어. 그러니까 네가 보면 좋을 미국 드라마를 소개해 줄게.

❶
받은 메일
이탈리아 요리를 배워보고 싶어. 어디서 배우면 좋을까?

………………………………………………………………
………………………………………………………………
………………………………………………………………

❷
받은 메일
일본에 여행을 가고 싶어.
어디에 가면 좋을까?

………………………………………………………………
………………………………………………………………
………………………………………………………………

2. 어떤 프로그램입니까? 왜 친구에게 도움이 됩니까?

EN What program is it? Why would it be helpful to your friend? JP どんな番組ですか。なぜ友達に役立ちますか。 CH 是什么样的节目? 为什么对朋友有帮助?

재미있는 드라마 /
자주 쓰는 말 /
듣기 실력이 좋아지다

〈보기〉

'친구들'은 재미있는 드라마야. 아주 유명한 배우들이 나오는데 연기를 아주 잘해. 미국 사람들이 자주 쓰는 말이 많이 나오니까 듣기 실력이 좋아질 거야.

❶

인기 있는 요리 프로그램 /
간단하고 쉬운 요리법 /

❷

도움이 되는 다큐멘터리 /
자주 가지 않는 곳 /

02 다음 친구의 메일을 읽고 친구에게 도움이 될 텔레비전 프로그램을 추천하십시오.

EN Read the friend's email and recommend a television program that would be helpful to your friend. JP 次の友達のメールを読んで友達に役立つテレビ番組を推薦しなさい。 CH 读一下朋友的邮件，给朋友推荐一个对他有帮助的电视节目。

받은메일

보내기 | 미리보기 | 임시저장

〈보기〉 안녕. 잘 지내고 있어?
나는 요즘 작년부터 배우고 있는 중국어(영어 / 일본어…) 때문에 고민이 많아. 중국어(영어 / 일본어…)는 정말 한국인에게 어려운 것 같아. 단어나 문법은 외우면 되는데 듣기하고 말하기가 안 돼서 어떻게 공부해야 할지 모르겠어. 그리고 좀 재미있게 배우고 싶은데 좋은 텔레비전 프로그램을 추천해 줄 수 있을까? 내 부탁을 좀 들어 줘. 답장 기다릴게.

프로그램 소개	
도움이 되는 이유	

....

....

....

....

....

정리해 봅시다

EN Let's review JP まとめてみましょう CH 整理整理

친구들 사이에서 요즘 어떤 프로그램이 인기가 많습니까? 그 프로그램은 왜 인기가 많습니까? 텔레비전을 보는 것이 한국어 공부에 도움이 됩니까? 이야기해 보십시오.

EN What program is popular among your friends? Why is that program so popular? Is watching television helpful to your Korean language studies? Talk about it. JP 友達の間で最近どんな番組が人気が高いですか。その番組はなぜ人気が高いですか。テレビを見ることが韓国語の勉強に役立ちますか。話してみなさい。 CH 请谈一谈，最近你和你的朋友们喜欢看什么节目？为什么那个节目那么受欢迎？看电视对学习韩国语有没有帮助？

부록

색인

색인

대학 생활을 위한

한국어 쓰기 (초급 Ⅱ)

편저자 연세대학교 한국어학당 교재편찬위원회
집필진 정희정, 권유미, 이은경, 이언숙, 박연정
펴낸곳 연세대학교 출판문화원

주소 서울시 서대문구 연세로 50
전화 02) 2123-3380~2
팩스 02) 2123-8673
ysup@yonsei.ac.kr
http://press.yonsei.ac.kr
등록 1955년 10월 13일 제9-60호
인쇄 (주)화신문화
삽화 문춘경 외
녹음 MS 미디어
성우 윤미나 · 전광주

2016년 1월 20일 1판 1쇄 2025년 9월 22일 1판 5쇄

ISBN 978-89-6850-145-6 (08710)
978-89-7141-977-9 (세트)

값 16,000원